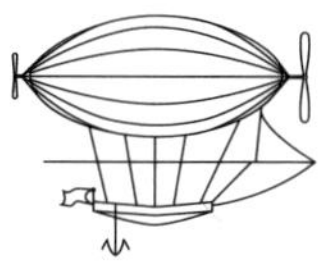

BLAUES BLUT

Royale Geschichten aus der Schweiz

Michael van Orsouw

HIER UND JETZT

INHALT

Die Schweiz hatte nie einen König oder eine Königin. Es sei denn, man zählt Rudolf von Habsburg mit, der wahrscheinlich im heutigen Aargau geboren und 1273 zum König des Heiligen Römischen Reichs gewählt wurde. Und in der Schweizer Geschichte ist der Adel, aus dem sich Königshäuser bekanntlich rekrutieren, meist negativ besetzt gewesen. Die Raison d'Être der alten Eidgenossenschaft war betont adelsfeindlich, auch wenn sich das regierende Patriziat oftmals sehr adelig gebärdete.

Doch wir denken: Gerade weil die Schweiz keine royale Tradition hat, übte das Königliche immer eine spezielle Faszination aus. Die Menschenansammlungen, Anteilnahmen und medialen Hypes bei königlichen Besuchen belegen, dass sich die Schweizer Bevölkerung immer sehr empfänglich zeigte für das Royale. Speziell im 19. und im 20. Jahrhundert schafft es der aufblühende Tourismus in den Alpen, die Königshäuser Europas anzulocken. Mehr noch: Das «Majestätische der Berge» verbindet sich mit dem Königlichen der Besucherinnen und Besucher, wie es unlängst Jon Mathieu in seinem gleichnamigen Buch formuliert hat. Dabei gibt es nicht nur die erhabenen Geschichten, sondern auch solche, die gemeinhin unter der Rubrik Unglücksfälle und Verbrechen geführt werden.

Zusammen mit dem Historiker und Schriftsteller Michael van Orsouw haben wir 13 dieser royalen Geschichten aus der Schweiz ausgewählt: bekannte, wie die Ermordung Elisabeths «Sisi» von Österreich in Genf oder der Besuch der englischen Königin Victoria in Luzern, weniger bekannte wie die des Revolutionsflüchtlings Louis-Philippe aus Frankreich oder des abgesetzten schwedischen Königs Gustav IV. Adolf. Michael van Orsouw gelingt es, nicht nur die Geschichte der royalen Besuche auf spannende Weise zu erzählen, sondern er spürt auch überraschenden Details nach. Er verbindet so Anekdoten mit der europäischen Geschichte der Königshäuser und schafft gar den Sprung nach Afrika.

Vor mehr als zehn Jahren haben wir uns erstmals über die Idee ausgetauscht, zuerst als mögliche Ausstellung, jetzt ist ein Buch daraus entstanden. Wir wünschen trotz demokratischer Tradition ein wahrhaft königliches Lesevergnügen!

«Wenn es den
Kaiser juckt,
so müssen sich die
Völker kratzen.»

HEINRICH HEINE

Joseph II.

Joseph II.,
römisch-deutscher
Kaiser

DES KAISERS NEUE MODEN

WER

Joseph II. von Habsburg-Ungarn, deutschrömischer Kaiser. Geboren als Erbprinz von Österreich-Lothringen.

WANN

Geboren am 13. März 1741 in Wien, gestorben am 20. Februar 1790, ebenfalls in Wien.

WAS

Er war von 1765 bis 1780 Mitregent mit seiner Mutter Maria Theresia und deutsch-römischer Kaiser, von 1780 bis 1790 allein regierender Kaiser.

WIE

Er gab sich als aufgeklärter Absolutist und lancierte viele, zum Teil überstürzte Reformen, aber auch eine neuartige rationale Bürokratie.

BEZUG ZUR SCHWEIZ

Kaiser Joseph II. bereiste im Juli 1777 während 14 Tagen die Schweiz und sorgte dabei mit seinem unberechenbaren Verhalten für Unruhe und Unsicherheit.

Warum Kaiser Joseph II. in der Schweiz einen opiumsüchtigen Greis besuchte. Was er auf seiner Tour de Suisse bewusst ausliess. Mit welchem eitlen Geck er sich traf. Und wen er aus der Eidgenossenschaft mit nach Wien nahm.

Der erste Monarch, von dem dieses Buch erzählt, benimmt sich nicht wie ein König.

Oder wie man es von einem König erwarten würde.

Er ist sogar Kaiser. Deutsch-römischer Kaiser. Doch auf Bildern trägt er nie eine Krone, nie einen hermelingeschmückten Seidenmantel, nie pelzbesetzte Stiefel oder ein Zepter mit Edelsteinen.

Stattdessen lässt er sich stets in einer Uniform abbilden.

Auf seinen vielen Reisen trägt er einen einfachen, grauen Hut, wie ihn Handelsleute üblicherweise aufhatten. Zudem fährt er in einer gebrauchten Kutsche, die sich nicht von anderen unterscheidet.

Ausserdem ist er nicht wie ein Kaiser im Märchen gütig und gerecht, er ist geizig und gereizt, missmutig und mürrisch.

Er benimmt sich arrogant, überheblich und besserwisserisch.

Er scheint von Ehrgeiz zerfressen.

Er gilt als Ekel.

Er ist ein Sadist.

Ein Zeitgenosse, dem man lieber nicht begegnet.

Einer, der sich alles erlaubt, weil er gekrönt ist.

Einer, der in den Bordellen Wiens ein- und ausgeht.

Er unterläuft alle Erwartungen, was sich insbesondere auf seiner Reise durch die Schweiz zeigt. Und was die Schweizer von damals fast verzweifeln lässt.

Oder wie es ein Zeitzeuge formuliert: «Er besitzt tausend hervorragende Eigenschaften, die für einen Herrscher ungeeignet sind.»

Und Goethe, ebenfalls ein Zeitgenosse, sagt über ihn: «Sein Kopf steht gut. Irr ich nicht sehr, so fehlt's ihm am Herzen.»

Die Rede ist von Erzherzog Joseph von Österreich-Lothringen, seit 1765 deutsch-römischer Kaiser Joseph II. und Mitregent über das Erzherzogtum Österreich, das Königreich Ungarn, die österreichische Niederlande und Böhmen.

Springen wir in das Jahr 1777. Joseph II. ist 36 Jahre alt und bereits zwei Mal verwitwet, er flieht vor dem Zugriff seiner dominanten Mutter Maria Theresia. Zusammen mit ihr, der Mitregentin, herrscht er über das grosse Reich von der Nordsee bis ins Gebiet der heutigen Ukraine. Formell regieren sie miteinander die Habsburger Monarchie, aber in der Realität arbeiten sie gegeneinander. Um seiner Mutter nicht in die Quere zu kommen, meidet er den Herrschaftsmittelpunkt Wien und reist stattdessen fast ohne Unterbruch quer durch Europa. Dabei begegnet er liebend gern den Geistesgrössen seiner Zeit.

So auch in diesem Jahr. Der deutsch-römische Kaiser entflieht ein weiteres Mal dem Hofstaat in Wien, diesmal geht es nach Frankreich. Um kein Aufsehen zu erregen und den verhassten Staatsempfängen zu entkommen, reist er unter dem falschen Namen «Graf von Falkenstein». Dank dieses Inkognitos ist er von höfischem Zeremoniell befreit und muss keine Pflichten erfüllen. Auf dem Rückweg von Frankreich kommt er in die alte Eidgenossenschaft.

Jetzt wird es spannend: Denn die 14 Tage in der Schweiz zwischen dem 13. und 27. Juli 1777 versetzen die eidgenössische Oberschicht in helle Aufregung. Es ist die Zeit der Mutmassungen und Gerüchte: Die Aristokraten der alten Eidgenossenschaft sind nervös.

Will der junge Habsburger ehemals habsburgische Gebiete wie den Thurgau, Aargau oder das Tessin zurückfordern?

Oder militärisch zurückerobern?

Ist die Reise eine militärische Inspektion für die Beschaffenheit der Landschaft?

Oder für eine Begutachtung der eidgenössischen Armee?

Warum nur verweigert sich der Monarch den althergebrachten Ritualen so konsequent?

Joseph II. brüskiert mit seinem Verhalten ständig und ist höchst unberechenbar. Für das konservative und etwas verfettete Patriziat der alten Eidgenossenschaft muss der junge Kaiser verunsichernd wirken. Denn er interessiert sich mehr für Neues aus Wissenschaft und Technik als für die Sicherung alter Rituale und Macht, die Ideen der Aufklärung sind ihm näher als das Wirken seiner Ahnen.

DER NICHTBESUCH ALS SENSATION

Weil der Monarch von Paris nach Genf reist, liegt ein Besuch beim aufgeklärten Philosophen Voltaire nahe. Voltaire ist damals eine Berühmtheit des frankofonen Theaters und der Philosophie und lebt auf den Schlössern Ferney und Tourney in der Nähe von Genf. Aber ein Besuch bei Voltaire, Frankreichs Staatsfeind, würde Frankreichs Krone gegen Joseph II. aufbringen; immerhin sitzt seine Lieblingsschwester Marie Antoinette dort auf dem Thron. Deshalb, und auch weil Voltaire Josephs Wunsch nach Anonymität missachtet, verzichtet der österreichische Kaiser kurzfristig auf die problembehaftete Visite bei Voltaire.

Die Absage verwirrt zusätzlich, und der Nichtbesuch mausert sich schnell zur Sensation. Für einmal bestärkt die Launenhaftigkeit des Monarchen die herrschende Klasse, der Voltaire suspekt ist.

Joseph II. besucht stattdessen die Stadt Genf und notiert in sein Tagebuch: «Die Stadt ist schlecht, hat enge Gäßen und sind selbe auch zimlich schmuzig.» Er täuscht auch hier mehrfach die Öffentlichkeit: So reserviert er im Hôtel des Balances 17 Zimmer, obwohl er ausserhalb der Stadt in Sécheron abzusteigen gedenkt. Als er mit der Droschke in die Stadt fährt, schlägt er wiederholt den falschen Weg ein, um die Schaulustigen in die Irre zu führen. So betritt er von vorne ein Gebäude, um es gleich wieder durch die Hintertüre zu verlassen.

Schliesslich lässt er sich das Kabinett von Horace Bénédict de Saussure zeigen, dem Pionier der Alpenforschung, und diskutiert mit dem Wissenschafter physikalische und elektrische Probleme. Das fesselt den Kaiser viel mehr als langweilige Empfänge mit Adeligen. Dass de Saussure mit seiner Bildungsreform hochkant gescheitert ist, kümmert den Kaiser ebenso wenig wie die beleidigten Gesichter der Genfer Haute volée, die so sehr auf einen kaiserlichen Besuch gehofft hatte.

Dafür lässt sich der Kaiser durch die Bildersammlung des Künstlers Jean-Etienne Liotard führen. Eigentlich interessiert sich Joseph II. mehr für die Technik als die Kunst, doch dieser Liotard ist damals in ganz Europa ein gefragter Maler. Zudem hat er den österreichischen Kaiser auch schon mal gemalt, nämlich 1762. Wahrscheinlich gefällt dem vernunftgesteuerten Monarchen die Nüchternheit von Liotards Malerei: Der malt nämlich eher wie ein wissenschaftlicher Zeichner als wie ein hoch emotionaler Künstler.

Des Kaisers Emotionen hingegen kommen nur wegen etwas hoch: Es ärgert ihn ungemein, dass er ständig von einer sensationslüsternen Menschenmenge umgeben ist, die ihm auf Schritt und Tritt folgt. Da fallen schon mal unschöne Worte, die nicht zum klassischen Bild eines Kaisers passen. Doch dem entspricht Joseph II. ohnehin nicht.

ÜBERRASCHUNGEN AM LAUFMETER

Um das lauernde Publikum zu umgehen, reist der Kaiser morgens bereits um fünf Uhr weiter und trifft in Lausanne Samuel Auguste Tissot. Dieser hat einen Weltbesteller gelandet, als er eine wissenschaftliche Schrift gegen die Selbstbefriedigung publizierte. Doch Joseph II. kommt aus einem anderen Grund: Der Lausanner Arzt und der Wiener Monarch befürworten beide die damals neuartige Pockenimpfung. Über diesen grossen medizinischen Fortschritt werden sie sich unterhalten haben.

Via Payerne und Murten, wo Joseph II. im Hotel Adler absteigt, geht die Reise weiter – über die genaue Reiseroute lässt sich der Kaiser nicht aus und überrascht ständig aufs Neue. Dies sehr zum Ärger der subalternen Beamten, welche die besten Fahrwege evaluiert und alle Pferdewechselstationen angewiesen haben, für den noblen Kaiser ständig frische 24 Zug- und 6 Reitpferde bereitzuhalten – ohne dass Joseph auch nur einmal davon Gebrauch macht.

Am nächsten Tag, den 17. Juli, reist der deutsch-römische Kaiser mit seinem Tross nach Bern. Dort besucht er, der allem Militärischen grosse Bewunderung entgegenbringt und Kultur und Schönes hasst, zum Erstaunen des Publikums keinen einzigen Schultheissen oder hohen Offizier. Seit mehr als 300 Jahren war kein Kaiser in Bern zu Gast gewesen. Dennoch lehnt Joseph II. den Besuch der offiziellen Berner Delegation ab, die von Fellenberg, von Erlach oder de Graffenried und wie die Berner Patrizier sonst noch heissen, haben keinerlei Verständnis dafür.

Auch in Bern ärgert sich der Kaiser über aufdringliches Publikum, das sich an den Strassen und vor dem Hotel Falken postiert hat, um einen Blick auf den berühmten Monarchen zu werfen. Als ein Bauer Joseph II. so nahe kommt, dass er dem royalen Gast auf den Fuss tritt, bekommt dieser einen kaiserlichen Stockschlag verpasst.

Es ist hier in Bern bemerkenswert und wird auch in den folgenden Geschichten dieses Buchs immer wieder aufscheinen: Die Eidgenossenschaft, gerne als Wiege der Demokratie bezeichnet, bringt den hergereisten Monarchen stets ein grosses Interesse entgegen, und dies mit einer Leidenschaft, die doch etwas verblüfft.

Allem Jubel zum Trotz – der voyeuristische Pöbel in Bern ist enttäuscht: Der Kaiser trägt auf seinem hageren Körper nur einen bescheidenen braunen Rock mit Knöpfen aus Stahl. Den Gesichtsausdruck beschreiben Zaungäste als ernst bis sauer. Eine Magd meint: «Es ist manch einer in Bern, der mir besser gefiel.» Joseph II. reagiert auf seine Weise. Er schimpft über die «Populasse» und über die «mit Gaffern angefüllte» Stadt. Daraufhin verschwindet er ohne Ankündigung für Stunden im Haus, lässt die Fensterläden schliessen und sich sein spezielles Nachtlager vorbereiten – es besteht zur Abhärtung nur aus einer Rentierhaut auf Gerstenstroh.

Joseph II. erholt sich erst wieder, als der erste Besuch im «Falken» ansteht. Der Kaiser empfängt Ludwig Zeerleder (1727–1792). Dieses Treffen wird in den Schriften über Joseph II. nicht oder nur am Rand erwähnt. Wahrscheinlich mit gutem Grund. Denn Zeerleder ist Josephs Schweizer Bankier.

Heute würde es nicht erstaunen, wenn ein ausländischer Potentat den Schweizer Bankier seines Vertrauens trifft. Doch im 18. Jahrhundert war es doch eher aussergewöhnlich, vor allen anderen zuerst seinen Finanzfachmann aufzusuchen. Ludwig Zeerleder ist «Spezierer», Dragonermajor und «Privatbanquier», er hat aus einem Engros-Handelshaus seine Privatbank entwickelt.

Was man dabei erwähnen sollte: Die alte Eidgenossenschaft befindet sich bereits im 18. Jahrhundert auf dem besten Weg zu einer Bankenhochburg. In Genf wirtschaften die Privatbanken von d'Aubert, Naville und Boissier; in St.Gallen die Högger, Schlumpf und von Zollikofer; in Neuenburg die Cartier, de Pury und de Rougemont; in Zürich die Meyer, Escher und von Muralt; in Basel die Burckhardt, Merian und Sarasin; in Bern die Hunziker und Gruner – neben Zeerleder.

Worüber der deutsch-römische Kaiser und sein Berner Bankier gesprochen haben, ist leider nicht überliefert. Möglicherweise verwaltet Zeerleder kaiserliches Vermögen; der Stand Bern verlieh verschiedentlich Geld an Städte und Fürsten in Deutschland und investierte in die Wiener Stadtbank. Doch die höchsten Häupter galten als schlechte Schuldner.

Immerhin ist Josephs Sparsamkeit bekannt und aktenkundig, er stand sogar im Ruf, geizig zu sein, was ein weiterer grosser Gegensatz zu anderen Monarchen Europas darstellte. So könnte es sein, dass Zeerleder dem Kaiser einen Kredit gewährte oder im Fall eines Kriegs in Aussicht stellte. Wir wissen es nicht, denn schon damals fanden Bankgeschäfte eher im Verborgenen statt.

Was aber überliefert ist: Zeerleder ist in zweiter Ehe verheiratet mit Sophia Charlotte Haller (1748–1805), der Tochter von Albrecht von Haller. Es kann also gut sein, dass der Bankfachmann von den Qualitäten seines Schwiegervaters vorgeschwärmt hat und Joseph erst so auf die Idee gebracht hat, diesen zu besuchen. Jedenfalls begleitet Zeerleder den Kaiser bei den weiteren Unternehmungen in Bern, ein Vertrauensbeweis seitens Josephs.

GESPRÄCH ÜBER DROGEN

Zum Erstaunen der Berner Patrizier besucht der Kaiser nach dem Zeughaus und einer Arbeitsanstalt eben Zeerleders Schwiegervater, den Gelehrten Albrecht von Haller. Dieser gilt als Universalgenie: Er forschte in den Fachgebieten Anatomie, Chirurgie, Physiologie und Botanik, beherrschte die Feinheiten von Mathematik, Chemie und Physik. Er sammelte das Wissen seiner Zeit in unfassbar dicken Enzyklopädien. Nebenbei schrieb er auch noch Liebesgedichte und Staatsromane, beschäftigte sich mit philosophischen und theologischen Fragen – und berühmt wurde er mit seinem Naturepos «Über die Alpen».

So geachtet und erfolgreich von Haller als Forscher war, politisch scheiterte er immer wieder: Nicht weniger als neun Mal versuchte er in Bern in den Kleinen Rat gewählt zu werden, jedoch ohne Erfolg.

Jetzt aber verschmäht Joseph II. den Besuch von Räten und sucht stattdessen Albrecht von Haller auf. Der Wissenschafter ist im Jahr 1777 ein alter, gebrochener Mann, opiumsüchtig und hypochondrisch. Der einst stolze, 1.90 Meter grosse Mann kann nur noch vornübergebeugt gehen. Trotz des hohen Besuchs trägt er in den einfachen Zimmern an der Inselgasse nur seinen ausgebeulten Nachtrock. Haller soll seinen adeligen Gast mit zitternder Stimme empfangen haben: «Gnädiger Herr, Sie erweisen einem sterbenden Greis zu viel der Ehre.»

Der Kaiser aber führt den alten Mann zu seinem Stuhl zurück, setzt sich und unterhält sich längere Zeit mit ihm, sodass der schwache Greis ungewöhnlich auflebt. Der Kaiser und der Gastgeber sprechen auch über Drogen, nämlich über Hallers Opium. Joseph verspricht, Opium besserer Qualität nach Bern zu schicken. Mehr als eine Stunde dauert der hohe Besuch, wie Beobachter genau und wohl auch etwas eifersüchtig rapportieren.

Kurz nach der Visite meint Joseph II. über von Haller: «Ja – das ist ein Mann! Nie wird diese interessante Stunde aus meinem Gedächtnis schwinden! Wie schade, dass der Verlust dieses vortrefflichen Mannes so nahe ist.»

Tatsächlich stirbt von Haller noch im gleichen Jahr, und Joseph II. lässt seiner Begeisterung Taten folgen: Er kauft Hallers Privatbibliothek mit allen Büchern und Hand-

Albrecht von Haller empfängt im einfachen Zimmer an Berns Inselgasse Kaiser Joseph: Der Berner Universalgelehrte bleibt aufgrund seiner angeschlagenen Gesundheit sitzen.

schriften. Auf Maultieren gelangen die Werke über die Alpen in die Universität von Pavia.

Der Aufenthalt in Bern neigt sich dem Ende zu. Am nächsten Morgen reist der Kaiser nicht wie geplant nach Langnau im Emmental, um den berühmten Naturarzt Michael Schüppach kennenzulernen. Stattdessen unternimmt er morgens um vier Uhr zuerst einen Spaziergang durch die noch schlafende Stadt. Dabei besteigt er die Aussichtsplattform beim Berner Münster, die er «magnifique» findet. Eine Stunde später fährt er mit der Kutsche über Land nach Lohn bei Solothurn. Dort isst er zum Frühstück kalten Kalbsbraten und trifft auf zwei Bauern, die in der Morgensonne vor dem Wirtshaus sitzen. Er grüsst die beiden und kommt mit ihnen ins Gespräch, sie reden übers Brot und über ihren Landvogt. In sein Tagebuch notiert der Kaiser: «Die Bauern scheinen arm zu seyn, weilen alle ihre Kinder betteln.»

Da nähert sich ein nobler Herr in einem teuren, roten Rock mit einem blauen Ordensband und ist ganz entzückt darüber, den Kaiser unverhofft anzutreffen. Doch der Kaiser zeigt gar keine Lust, mit dem Adeligen Konversation zu betreiben, und weist ihn schroff mit dem Hinweis ab, dass er keine Audienz gewähre.

Die Kunde von der unhöflichen Abfuhr des Edelmanns verbreitet sich rasch in der alten Eidgenossenschaft und wird von den Schweizer Aristokraten zum Anlass genommen, um dem Kaiser mangelnde Loyalität zur bestehenden Gesellschaftsordnung vorzuwerfen. Der Kaiser treibt es auf die Spitze, als er wertvolle Geschenke von Patriziern ungeöffnet zurücksenden lässt – nochmals ein Affront sondergleichen. Dass Joseph danach zwar nach Solothurn reist, dort aber keine Minute darauf verwendet, die prächtige und erst vor vier Jahren eröffnete St. Ursen-Kathedrale zu besichtigen oder den französischen Botschafter zu besuchen, stösst nicht nur den Patriziern in Solothurn sauer auf.

Joseph verhält sich nicht zufällig so barsch gegenüber den Schweizer Aristokraten: Er will sich als modernen, aufgeklärten Herrscher präsentieren. Ihm ist es wichtig, sich von der Prunksucht anderer Monarchen deutlich abzusetzen, zum Beispiel von seinem Schwager Ludwig XVI. in Frankreich. Der deutsch-römische Kaiser befindet sich quasi auf einer grossen PR- und Image-Tour, auf der er sich als bodenständig, zeitgemäss und volksnah inszenieren will.

Deshalb lässt er all die Barockpalais in und um Solothurn links liegen und verbringt die nächste Nacht im einfachen Gasthaus zum Bären im kleinen Juradorf Langenbruck. Auch hier befragt der Kaiser den Bauern, der den «Bären» nebenher führt: Warum kein Bauer Anteil an der Regierung habe, wo doch die Schweiz als so demokratisch gelte?

Der Befragte zuckt nur mit den Schultern und meint, das sei schon immer so gewesen. Joseph aber ärgert sich darüber und zieht in seinem Tagebuch Bilanz: Das Gebiet des Kantons Bern sei zwar ganz schön, aber 200 würden den ganzen Kanton «auffressen» – damit meint er die 200 Räte. Im «Bären» hat der Kaiser mit seiner ungekünstelten Art so sehr Eindruck gemacht, dass noch Jahrzehnte später ein glorifizierendes Porträt von ihm in der Gaststube hängt.

KRAFTAUSDRÜCKE UND EINDEUTIGE GESTEN

Am kommenden Tag, den 19. Juli, bricht der royale Tross mit dem Kaiser morgens um vier Uhr auf. Das nächste Reiseziel ist Basel. Der Kaiser steigt dort im Hotel Zu den Drei Königen ab. Auch hier zeigt sich das gleiche Bild wie in Genf oder Bern: Joseph unterläuft die Erwartungen des Ancien Régime. Wieder fühlt er sich bedrängt. Zum einen von Markgraf Karl Friedrich von Baden, der unangemeldet auftaucht. Zum anderen von einer Frau mit einem Rechtsproblem, die sich dem Kaiser buchstäblich vor die Füsse wirft. Joseph II. reagiert auf die zwei unerwarteten Begegnungen mit ausgesprochen schlechter Laune und verlangt die sofortige Weiterreise. Mit Kraftausdrücken und eindeutigen Gesten verschafft er sich Luft, weist Basler Standesvertreter ab und besucht daraufhin keinen der Basler Noblen, sondern Jacob Sarasin, einen Seidenbandfabrikanten, dann Daniel Bernoulli, den Mathematiker und Physiker. Beide löchert der wissensdurstige Kaiser mit «hundert Fragen»; er schiebt, wie es seine Art ist, die nächste Frage nach, ohne das Ende der ersten Antwort abzuwarten.

Schliesslich macht er noch einen Abstecher zu den berühmten Totentanz-Malereien von Hans Holbein, die ihm aber nicht gefallen, auch weil viele Gaffer ihm die Sicht versperren. Josephs Begleiter in Basel ist Christian Mechel, der Kupferstecher, Kunsthändler, Stichverleger und Zeichner. Dieser lotst den Kaiser zu sich in den Erlacherhof (in der St. Johanns-Vorstadt). Der unadelige, aber geschäftstüchtige Mechel (1737–1817) hatte bereits zwei Mal Johann Wolfgang von Goethe zu Gast, und auch der berühmte Mathematiker Johann Bernoulli oder Herzog Carl August von Weimar gehören zu seinen Kunden. Der Fachmann zeigt dem Kaiser seine fast schon fabrikmässige Arbeit mit Bildern und diskutiert viele technische Fragen bezüglich der Stichproduktion.

Beim anschliessenden Mittagessen ist Mechel zugegen und zitiert sogar einzelne Scherzgedichte, sehr zur Freude des Kaisers. Die nicht anwesenden Neider finden das primitiv und streiten sich darüber, ob Mechel beim Diner nur dabei war oder ob er auch wirklich mitessen durfte.

Tatsache ist, dass Joseph den Basler zu den «besten Kupferstechern» zählt. Das zahlte sich für Mechel mehrfach aus: In den Jahren 1779 bis 1784 wirkt er auf persönliche Einladung des Kaisers am Wiener Hof, ordnet die kostbare kaiserliche Gemäldegalerie im Schloss Belvedere neu und nach kunstgeschichtlichen Kriterien. Fortan hat er direkten Zugang zu den Schaltstellen der Habsburger Monarchie und ist offiziell «Rathe der kaiserlichen Akademie». Schliesslich wird der Basler von Joseph sogar in den Adelsstand gehoben: Er darf sich vornehmerweise «von Mechel» nennen.

Nach dem Mittagessen ist der Abstecher nach Basel bereits vorüber, nur gerade fünf Stunden hat er gedauert. Bei der Abreise stehen wieder Hunderte von Menschen im Weg. Ein Schuhmacher namens Meyer wird von der drängelnden Menge nach vorn gestossen und tritt auf des Kaisers Fuss, was ihre Majestät – wie schon in Bern – umgehend mit einem Stockschlag auf den Kopf des Baslers quittiert. Scherzeshalber heisst es danach in Basel, der Kaiser habe den Schuhmacher zum Ritter geschlagen.

Der Kaiser reist weiter nach Freiburg, besucht dort eine heilige Messe und fährt später nach Waldshut. Hier trifft er am 25. Juli nochmals eine Geistesgrösse der damaligen Eidgenossenschaft, die in den herrschenden Schichten nicht nur Freunde hat: Johann Caspar Lavater, der streitbare Pfarrer aus Zürich, der eben seine ersten Bände der «Physiognomischen Fragmente zur Beförderung der Menschenkenntnis und Menschenliebe» publiziert hat. Darin gibt er konkrete Anleitungen, anhand von Gesichts- und Körperformen verschiedene Charaktere zu erkennen – eine bis heute beliebte, aber umstrittene Methode der Menschenkenntnis. Lavater lehnt sich mit seinen Theorien weit aus dem Fenster, zudem ist seine sehr schwärmerische Art nicht jedermanns Sache. Er gilt als ehrgeizig bis eitel und als eine Art Promijäger seiner Zeit.

Trotz aller Vorbehalte interessiert sich der grundsätzlich neugierige Joseph II. für ihn. Die Audienz beim Kaiser schildert der übereifrige Lavater so: «Ich weiss nicht, wie ich die Treppe hochkam! Ob roth? Ob blass? ... Das aber weiss ich, dass der erste Moment, da ich den Saal betrat, in seinem zimmtfarbenen Kleide der Kayser sich darstellte, mich zur [...] sorglosen Heiterkeit stimmte [...] so schicklich, so signifikant, so schmeichelhaft.» Vor allem Letzteres beherrscht der Zürcher Pfarrer meisterhaft: Er schmeichelt den Mächtigen, sodass seine Tagebucheintragungen geradezu vor überbordenden Gefühlen triefen. Er attestiert Joseph einen «an Genie gränzenden Verstand». Dass der Kaiser ihn einen «gefährlichen Menschen» genannt haben soll, weil er «den Menschen ins Herz» hineinsehen könne, ehrt Lavater – und er rapportiert es noch so gern und lässt es publizieren. «Ich erwarte unendlich viel Gutes und sehr viel Grosses von diesem Fürsten», vor allem erhofft er sich eine Verbreitung seiner Physiognomik.

Umgekehrt hat Lavater beim Kaiser doch nicht so viel Eindruck hinterlassen: Im sonst sehr ausführlichen Tagebuch von Joseph II. wird Lavater mit keinem Wort erwähnt.

Zum Abschluss der Schweizer Reise besucht der Kaiser am 26. Juli die Stadt Schaffhausen. Die Bevölkerung ist angehalten worden, weder «Tumult noch Gelärm» zu veranstalten. Joseph II. lässt sich den Rheinfall zeigen, er wird in zusammengebundenen Waidlingen so nah an den Wasserfall herangeführt, dass «uns der Schaum davon benezte», wie er in sein Tagebuch notiert. Der Monarch ist vom Naturschauspiel sichtlich bewegt.

Als er am Ende von mehr als tausend jubelnden Menschen empfangen wird, überrascht der Kaiser ein letztes Mal: Er erträgt die Menge mit Freude und Gelassenheit, was ihm in den anderen Schweizer Städten völlig abgegangen ist. Bei der anschliessenden Fahrt in der Kutsche steht Joseph II. sogar aufrecht, damit ihn die Menschen besser sehen können, und zieht den Hut. Manche wollen sogar einen «segnenden Blik» festgestellt haben.

Auch wenn der Kaiser auf seiner Tour de Suisse viele Aristokraten vor den Kopf gestossen hat, so schliesst die Schweizer Reise nun doch einigermassen versöhnlich. Und was noch wichtiger war: Joseph II. liess danach die Schweiz in Ruhe. Die Ängste der Aristokraten waren vergebens gewesen.

«Der König
ist tot; lang lebe
der König.»

REDEWENDUNG

LOUIS-PHILIPPE Ier

Roi des Français.

LES MAIRES NOMMÉS PAR LE PEUPLE
PLUS DE PAIRIE HÉRÉDITAIRE
LA CHARTE SERA UNE VÉRITÉ
GOUVERNEMENT À BON MARCHÉ
LIBERTÉ DE LA PRESSE
ÉLECTIONS POPULAIRES
MOUSSE DE

Louis-Philippe I., König der Franzosen

DER FREIER DER KÖCHIN

WER
Louis-Philippe I., König von Frankreich. Geboren als Duc von Orléans.

WANN
Geboren am 6. Oktober 1773 in Paris, gestorben am 26. August 1850 in Esher, im «Claremont House» von Queen Victoria (siehe Seite 117) in Grossbritannien.

WAS
Er war von 1830 bis 1848 «König der Franzosen» und nicht mehr «König von Frankreich» wie seine Vorgänger.

WIE
Weil er sich bürgernah gab, nannte man ihn «Bürgerkönig». Er baute die Eisenbahnen, förderte die Wirtschaft, sodass seine Regentschaft als Ära des «Enrichessez-vous» («Bereichert Euch») ironisiert wurde.

BEZUG ZUR SCHWEIZ
In den Wirren nach der Französischen Revolution floh Louis-Philippe 1793 in die Schweiz. Nach Aufenthalten in Schaffhausen und Zürich lebte er rund zwei Jahre unter falschen Namen in Zug, Bremgarten, Reichenau und wieder in Bremgarten.

Warum Louis-Philippe, der spätere Bürgerkönig Frankreichs, in die Schweiz kam. Wie er in Zug, Reichenau und Bremgarten lebte. Warum er sich auch in der Schweiz verstecken musste. Und welche Folgen seine Liebe zur Internatsköchin hatte.

Es gibt die lustigen Beinamen von Monarchen wie «Karl der Kahle», «Heinrich der Zänker» oder «Friedrich der Gebissene». Dann gibt es aber auch Spitznamen, die einer Ehrung gleichkommen. Beispiele hierfür sind «Wilhelm der Eroberer», «Karl der Kühne» oder der «Bürgerkönig».

Betrachtet man die wenig gloriose Realität genauer, so muss es sich dabei um Schönfärberei handeln: «Wilhelm der Eroberer» regierte England gerade mal elf Jahre; «Karl der Kühne» war vielleicht kühn, doch verlor er sein Burgunderreich. Und der Mann mit dem Beinamen «Bürgerkönig»? Von ihm handelt diese Geschichte. Im Jahr 1830 bestieg er nach der Julirevolution Frankreichs Thron – sich «Bürgerkönig» zu nennen, war volksnah und sehr schlau.

Ebenso geschickt verhielt er sich Jahrzehnte zuvor in der Schweiz. Doch dazu müssen wir etwas ausholen.

Herzog Louis-Philippe von Orléans geht noch einen grossen Schritt weiter als Kaiser Joseph II. Denn der junge Franzose ist nicht nur den Ideen der Aufklärung zugetan wie der deutsch-römische Kaiser, er sympathisiert 1789 sogar mit der Französischen Revolution, trotz seiner adeligen Herkunft. Nun gut, er ist damals im jugendlichen Alter von 16 Jahren und politisch dermassen leidenschaftlich, dass er sich sogar den Beinamen «Egalité» gibt – übrigens wie sein Vater. Von da an geht es im karrieristischen Sauseschritt weiter: Mit 17 Jahren wird der junge Schwärmer Mitglied des Jakobinerklubs und tritt der Revolutionsarmee bei. Schon 1792 – im Alter von 19 Jahren – ist Herzog Louis-Philippe bereits Offizier im Rang des Generalleutnants. In dieser Funktion erlebt er in kurzer Folge Hochs und Tiefs. Zuerst kämpft er unter General Charles-François Dumouriez und siegt in der Schlacht bei Jemappes gegen die Österreicher. Wenige Monate später ist er bei der katastrophalen Niederlage der Franzosen in der Schlacht bei Neerwinden mit dabei.

FLUCHT IN DIE SCHWEIZ

Dann spitzen sich die politischen Ereignisse zu. Louis-Philippe gerät mitten in die nachrevolutionären Wirren Frankreichs. Er beteiligt sich als Verschwörer an einem Putsch gegen den angeblichen Hochverräter General Dumouriez. Aber der Umsturzversuch misslingt, Louis-Philippe steht plötzlich auf der Seite der Verlierer. Der ambitionierte junge Mann muss so schnell als möglich fliehen, denn die neuen Machthaber kennen kein Pardon und setzen die Guillotine massenhaft gegen politische Gegner ein. Sie verhaften seinen Vater, seine Mutter und seine beiden Brüder.

Louis-Philippe wählt angesichts dieser Umstände die Schweiz als Fluchtziel. Inkognito reist er via Baden-Württemberg ein. Damit beginnt die Schweizer Reise des adeligen Herzogs von Orléans, die hier besonders interessiert. Am 26. April 1793 kommt der junge Herzog in Schaffhausen an. Dort trifft er seine Schwester Adélaïde von Orléans (1777–1847) und deren Erzieherin Gräfin Stéphanie-Félicité de Genlis (1746–1830); ein kleiner Teil der versprengten Familie findet so wieder zusammen. «Unbeschreiblich war meine Freude, mich in einem neutralen Lande zu befinden», schreibt die Gräfin.

Das prominente Trio ist in der Schweiz zwar ausser Lebensgefahr, aber es bleibt auf der Flucht. Louis-Philippe, seine Schwester Adélaïde und Erzieherin de Genlis reisen am 6. Mai weiter nach Zürich. Sie wohnen im Gasthaus Zum Schwert, an einer der besten Adressen im damaligen Zürich (heute Weinplatz 10).

Zu dieser Zeit tummeln sich viele Franzosen in der Stadt, die nach der Revolution wie unser Herzog von Orléans ausser Landes fliehen mussten. Solche französischen Emigranten erkennen die damals prominenten Louis-Philippe und Adélaïde von Orléans auf der Strasse. Einer streckt absichtlich seinen spitzigen Sporn in Richtung Herzogin und zerreisst damit einen Teil ihres Gazerocks. Zu Tode erschrocken, weil bei einem nächsten Mal nicht nur das Kleid kaputtgehen könnte, planen Louis-Philippe, Adélaïde und die Gräfin sofort ihre Abreise. Sie fühlen sich in Zürich inmitten der vielen Landsleute nicht mehr sicher.

Der nächste Ort ihrer Flucht ist das Städtchen Zug, in dem sie am 14. Mai ankommen. Sie beziehen dort – in den Worten von Gräfin de Genlis – «ein kleines, einsam stehendes Haus am Seeufer, unweit der Stadt». Das ist etwas ungenau: Sie meint das herrschaftliche Haus Tschuopis am Abhang des Zugerbergs, ein paar hundert Meter vom Seeufer entfernt, doch immerhin mit Seeblick (später Blumenhof, heute Zugerbergstrasse 28b).

Louis-Philippe, Adélaïde und die Gräfin verbringen ihre Tage im erfreulich ruhigen Zuger Exil mit Spazieren und Kirchgängen, sie sprechen manchmal mit Bauern, denen sie gelegentlich ein Trinkgeld zustecken. Die Zugerinnen und Zuger nehmen die neuen Bewohner zwar wahr, halten die französischen Flüchtlinge jedoch irrtümlicherweise für eine Familie aus Irland.

Den adeligen Franzosen soll es recht sein, sie werden in Ruhe gelassen und bleiben unter sich. Nur der tatendurstige Louis-Philippe lässt es sich nicht nehmen, immer mal wieder im Hotel Ochsen am Kolinplatz zu dinieren oder sich dort abends einen «Schoppen» zu genehmigen. Doch auch in Zug verkehren andere Exilfranzosen. So dauert es nicht lange, bis Herzog Louis-Philippe erneut von einem Landsmann erkannt wird.

Sogleich erfährt tout Zug, welch prominenter Besuch sich im Städtchen versteckt hält. Sogar deutsche Zeitungen erfahren davon und schreiben darüber. Die Zuger Regierung fühlt sich angesichts des adeligen Besuchs unwohl, fürchtet sie doch gewalttätige Übergriffe. Der Zuger Ammann und ehemalige Söldner Franz Joseph Andermatt (1739–1795) ersucht Herzog Louis-Philippe, Herzogin Adélaïde und die Gräfin de Genlis, sich doch bitte einen anderen Aufenthaltsort zu suchen. Die Franzosen nehmen die wohl allzu förmlich vorgetragene Bitte nicht sehr ernst und lassen sich immerhin 14 Tage Zeit, um dem Ansinnen nachzukommen.

EIN FEIGER ANSCHLAG

Vor der Abreise aus Zug häufen sich die Probleme. Das Geld reicht nicht, um die aufgelaufenen Rechnungen zu bezahlen. Die Erzieherin Stéphanie-Félicité de Genlis muss aushelfen und ihr Erspartes einschiessen. Sie ist zwar eine Gräfin, doch sie ist verarmt und seit der französischen Revolution ohne Einkünfte.

Nachdem diese Hürde genommen ist, wird es richtig bedrohlich: Am 26. Juni, abends um 22.15 Uhr, kommt ein faustgrosser Stein durch die Fensterscheibe des Haus Tschuopis geflogen! Er trifft zum Glück nur den Hut von Herzogin Adélaïde. Kurz darauf werden nochmals mehrere Steine geworfen, einer mit einer solchen Wucht, dass er sogar eine Ofenplatte zerschmettert – Adélaïde von Orléans hatte das Zimmer zu diesem Zeitpunkt bereits verlassen und sich in Sicherheit gebracht.

Damit nicht genug: Am nächsten Morgen entdeckt man, dass zwei Pferdegeschirre, die Louis-Philippe gehören, in kleine Stücke zerschnitten wurden, «eine wahrhaft grässliche Bosheit», kommentiert die Gräfin.

Sind es Streiche von Zuger Lausbuben? Die Hinterlist, die Grösse und Zahl der Steine deuten eher auf verfeindete Franzosen hin, die ihren Revolutionskampf hier in der Schweiz im Kleinen fortsetzen.

Wie auch immer: So kann es nicht weitergehen! Ein wohlgesinnter Franzose berichtet von General Anne-Pierre de Montesquiou-Fézensac (1739–1798), der ebenfalls in die Emigration fliehen musste und nun im nahen Bremgarten im heutigen Kanton Aargau lebe.

Dieser ehemalige General erkennt die Not von Louis-Philippe und seinen Begleiterinnen. Er überlegt und bietet konkrete Lösungen an: Dem Prinzen gewährt er in seiner Wohnung an der Antonigasse 14 in Bremgarten Unterschlupf; Adélaïde und die Gräfin kommen im Bremgartner Klarissenkloster unter. Die französischen Adeligen hoffen, nun in Sicherheit zu sein.

Doch auch im beschaulichen Städtchen Bremgarten an der Reuss wiederholt sich die Geschichte von Zürich und Zug: Herzog Louis-Philippe wird erkannt und ist sich in der Folge seines Lebens nicht mehr sicher. Deshalb erteilt der General dem Herzog den Rat, nach Reichenau im Bündnerland zu fliehen und sich dort zu verstecken. Der General erinnert sich an den Bündner Aloys Jost, der unter ihm in der republikanischen Armee diente und nun die Internatsschule im Schloss Reichenau leitet. Er wird für den fliehenden Herzog zur Anlaufstelle.

Herzog Louis-Philippe, damals noch keine zwanzig Jahre alt, kann sich das Schloss Reichenau als Exilort vorstellen. Vorerst reist er Anfang Oktober von Bremgarten nach Luzern. Die Reise führt ihn weiter durchs Urnerland bis auf den Gotthardpass, dort sucht er ein Nachtlager. Die Wirtin will ihn eigentlich gar nicht beherbergen, weil französische Kriegsflüchtlinge damals aufgrund ihres Gewaltpotenzials in der Schweiz unbeliebt sind. Der Herzog muss eindringlich bitten, damit er endlich ein Strohlager in einer Scheune zugewiesen bekommt. Ermattet vom langen Marsch schläft Louis-Philippe tief. Doch am Morgen, als er die Augen aufschlägt, schaut er in den Lauf einer Flinte!

Schon wieder ein feindlich gesinnter Exilfranzose?

Nein, es ist nur der Sohn der Wirtin, der mit dem Gewehr herumfuchtelt. Seine misstrauische Mutter hat ihn in den Stall geschickt: Falls der Herr nachts aufstehe und sie bestehlen wolle, solle er ihn einfach erschiessen. Den französischen Revolutionskriegen entflohen, erlebt der Herzog in der angeblich sicheren Schweiz nun das!

Die Reiseroute führt Louis-Philippe weiter nach Chur. Am frühen Morgen des 24. Oktober 1793 trifft er zu Fuss im Dorf Reichenau ein. Dort, wo Vorder- und Hinterrhein zusammenfliessen, steht das Schloss Reichenau der Familie von Tscharner, das zu dieser Zeit eine Internatsschule beherbergt.

Internatsleiter Aloys Jost, der aufgrund seiner geleisteten Solddienste französisch spricht, nimmt den angekündigten Gast in Empfang. Louis-Philippe bekommt ein düsteres Zimmer im Seitenflügel zugewiesen. Darin befinden sich ein Tisch, ein Stuhl, eine Pritsche und – für die damalige Zeit gar nicht selbstverständlich – ein grosser Ofen. Auf dem Bett liegt die damals übliche Strohmatratze, mit der sich der edle Gast allerdings nie richtig anfreunden kann. Mit dem Internatsleiter verabredet Louis-Philippe, dass er als unauffälliger Lehrer aus Südfrankreich auftreten solle, am besten unter einem Fantasienamen. Seine wahre Identität kennen deshalb in der Folge nur der Internatsleiter Jost sowie zwei weitere Führungskräfte der Schule.

EIN SEHR WÄHLERISCHER ESSER

Beim ersten Abendessen stellt Jost den angereisten Franzosen den 15 Schülern als «Monsieur Chabos» vor. Zu essen gibt es eine Suppe, gekochtes und gebratenes Fleisch sowie Sauerkraut. Letzteres hasst Louis-Philippe. Überhaupt ist der junge Franzose, der sich von seinem adeligen Elternhaus eigene Köche und zudienendes Personal gewohnt ist, heikel und kein einfacher Esser. Dörrfrüchte, in Butter gekocht, die zum Menüplan des Internats gehören, verabscheut er ebenso wie gebratene Teigwaren. Verwalter Jost ärgert sich über Louis' gehobene Ansprüche und über seine Verwöhntheit, die, wie er moniert, nicht zu einem Offizier passe.

Doch auch bei den Kleidern drückt die adelige Herkunft des Gasts durch: Der junge Herzog trägt gerne feine Hemden und Halstücher, die er täglich wechselt. Seine Art zu leben unterscheidet sich von der aller anderen im Haus. Um dennoch nicht aufzufallen, lebt er sehr zurückgezogen und vertieft sich gerne und oft in seine Korrespondenz.

Bald steht die Prüfung seiner fachlichen Fähigkeiten als Pädagoge an: Doch das Deutsch des Franzosen erweist sich als mangelhaft. Deshalb wird ihm nur gerade ein einziger Schüler zugewiesen. Als Entgelt für Logis und Essen soll er täglich zwei Lektionen unterrichten, am Morgen Geometrie, am Nachmittag Arithmetik oder Geografie. Erst nach Ablauf von drei Monaten will man dann ein Honorar für seine Lehrtätigkeit festlegen, aber Herzog Louis-Philippe besteht darauf, für seine Unterkunft vierzig Sous pro Tag zu bezahlen.

Kaum hat sich «Monsieur Chabos» mehr oder weniger eingelebt, ereilen ihn zwei Hiobsbotschaften: Zuerst erfährt er, dass seine Mutter verhaftet und nach Madagaskar deportiert wurde. Das verheisst nichts Gutes! Bald darauf bekommt er eine noch traurigere Nachricht. Sein Vater wurde ebenfalls gefangen genommen, vor Gericht gestellt und zu Tode verurteilt. Am 6. November 1793 wurde Louis-

Der französische Herzog von Orléans (stehend) im Bündnerland: Unter dem Decknamen «Monsieur Chabos» unterrichtet Louis-Philippe in der Internatsschule auf Schloss Reichenau.

Philippe von Orléans senior in Paris öffentlich mit der Guillotine hingerichtet!

Der junge Louis-Philippe ist todtraurig. Doch er darf sich nichts anmerken lassen, weil sonst sein streng gehütetes Inkognito auffliegen würde. Also versucht er sich so zu benehmen, als ob nichts geschehen wäre.

Von Internatsleiter Jost, der seine wahre Identität kennt und vom erlittenen Unglück weiss, erhält er zum Trost frische Früchte und sogar Süssigkeiten aufs Zimmer. Ohne dass es jemand bemerkt, bürstet ein Hausdiener die Kleider des Herzogs und putzt die Schuhe, zudem wird dessen Wäsche regelmässig gewaschen und gebügelt. Louis-Philippe bemüht sich sehr, trotz seiner Privilegien nicht aufzufallen, er isst gemeinsam mit den Lehrern und Schülern. Wenn ihm das Essen missfällt, lässt er sich nichts anmerken und begnügt sich mit Brot.

Neben dem Unterricht in Reichenau erteilt «Monsieur Chabos» auch Privatlektionen in Französisch, nämlich der Tochter von Verwalter Jost sowie den Söhnen von Johann Baptista von Tscharner, dem Bürgermeister von Chur. Dazu wird Louis-Philippe in den Bündner Hauptort eingeladen, was ihm behagt, weil er sich in Reichenau eingeengt fühlt. Dort in Chur bekommt er im Frühjahr 1794 mit, wie die Französische Revolution bis ins Bündnerland wirkt. Die Bündner Oberländer sind so unzufrieden, dass sie nach Chur marschieren und eine ausserordentliche Standesversammlung verlangen.

Trotz seiner Revolutionserfahrung greift Louis-Philippe nicht ein und hält unbeirrt seinen Unterricht ab. Peter Conradin von Tscharner, einer der unterrichteten Söhne, ist damals mit sieben Jahren zu jung, um das Seminar zu besuchen. Später schreibt er: «Jeder von uns wünschte in die Klasse des Herrn Chabos eingeteilt zu werden, [...] allgemein hatte das einnehmende Äussere und die Freundlichkeit seines Betragens die jungen Gemüter für den neuen Ankömmling eingenommen.»

EINE UNSTATTHAFTE LIEBESBEZIEHUNG

Louis-Philippe – oder «Monsieur Chabos» – kommt mittlerweile nicht nur bei den Schülern gut an. Er bezirzt die Köchin des Seminars, eine Italienerin namens Marianne Banzori, und geht mit ihr eine Liebesbeziehung ein. Bald ist die Köchin, für alle gut ersichtlich, schwanger. Verwalter Jost gerät angesichts dieser Schwangerschaft ausser sich: Warum, tobt er, muss es ausgerechnet seine Köchin treffen? Wer soll in Zukunft im Seminar kochen?

Der befreundete General von Montesquiou mit Wohnsitz in Bremgarten sieht die Angelegenheit vergleichsweise entspannt. Er erwähnt die Methode, die in solchen Fällen am französischen Hof zur Anwendung kommt: Man sucht für die Schwangere einen standesgemässen Mann, damit sich der Adelige aus dem Staub machen kann.

Weniger entspannt verhält sich Louis-Philippe selbst. Er scheint nicht wirklich zu begreifen, dass er Vater wird. So versucht er sich mit der Ausflucht zu retten, dass er wohl kaum der Vater des Kinds sei. Viel eher komme der Zimmermann dafür infrage, mit dem die Köchin zuvor intim gewesen sei. Verwalter Jost tut das als bösartige Unterstellung ab: Seine Köchin sei gewiss keine Jungfrau gewesen, aber auch keine Hure.

Daraufhin erklärt sich der Herzog bereit, für die Niederkunft in Italien sowie für die Erziehung des Kinds aufzukommen. Das besänftigt die Gemüter, und die Köchin versöhnt sich mit dem Franzosen, den sie zärtlich «Chabosli» nennt. Louis-Philippe besucht danach die Banzori auch wieder in ihrer Kammer.

Schliesslich kommt das Kind im Dezember 1794 in Mailand zur Welt, aber wegen Abwesenheit des Vaters und mangels existenzsicherndem Beruf der Mutter wird das Baby in ein Waisenhaus gegeben. Louis-Philippe schreibt der Mutter des Kinds noch einige Briefe – der warmherzige

Tonfall deutet durchaus auf eine Liebesbeziehung hin, und nicht bloss auf eine einmalige Affäre.

Dennoch muss Louis-Philippe noch vor der Niederkunft der Köchin die Lehranstalt verlassen. Eine Rückkehr nach Frankreich ist noch immer nicht möglich, also zieht er für neun Monate wieder nach Bremgarten im Aargau, während sein Kind als Waise in Mailand aufwächst. Der Herzog lebt von Juni 1794 bis März 1795 in Bremgarten und legt sich den neuen Decknamen «Adjudant Corby» zu.

Wieder dauert es nicht lange, bis man auch in Bremgarten begreift, wer sich hinter dem Namen «Corby» versteckt; die Exil-Franzosen sind über die ganze Eidgenossenschaft verteilt. Louis-Philippes väterlicher Freund General Montesquiou stellt sich vor ihn und versucht nach Kräften, alle verbalen Angriffe abzuwehren.

Nach den Zwischenfällen in Zürich, Zug, Reichenau und nun auch wieder in Bremgarten sieht Louis-Philippe die Zeit gekommen, sich nach gänzlich neuen Horizonten umzusehen. Dabei ist ihm der Zuger Landschreiber der Freien Ämter, Franz Josef Müller, behilflich. Damit der Adelige unbehelligt reisen kann, stellt ihm Müller einen falschen Pass aus. Weil dem Landschreiber beim Fälschen kein anderer Name einfällt, wählt er seinen eigenen aus: Louis-Philippe reist deshalb als «Franz Josef Müller» nach Hamburg.

Von dort geht die Odyssee des Herzogs weiter nach Skandinavien. Er versteckt sich schliesslich in Muonio in Finnland, einem abgelegenen Dorf in Lappland am nördlichen Ende des Bottnischen Meerbusens. Hier ist er endlich vor anderen Franzosen sicher.

Louis-Philippe lebt nun im Pfarrhaus und behält den unverfänglichen Decknamen «Müller» bei. Aber auch dort bändelt er wieder mit weiblichem Personal an. Diesmal geht er eine Liebesbeziehung mit der Haushälterin des Pfarrhauses ein, mit Beata Caisa Wahlborn (1766–1830). Auch sie wird schwanger.

Noch bevor der kleine Erik zur Welt kommt, ist Louis-Philippe wieder weg. Das Kind wird seinen Vater nie kennenlernen. Doch Louis-Philippe vergisst seinen Sohn in Finnland nicht ganz: Er bestellt ein Gemälde, das ihn, Kindsmutter Beata und Sohn Erik Kolström (1796–1879) nebeneinander zeigt, obwohl sie so nie beieinander gestanden sind. 178 Jahre nach der unrühmlichen Geburt wird Olof Kolström, ein Nachkomme von Erik, 1974 zu Festlichkeiten des französischen Kulturministeriums nach Paris eingeladen werden. Die französische Regierung bestätigt auf diese Weise, dass Erik wirklich der Sohn des Herzogs von Orléans war.

Zurück zu Louis-Philippe, seiner Flucht vor Franzosen und unstandesgemässen Vaterpflichten. In der Folge hält sich der Schürzenjäger von problembehafteten Liaisons fern. Er heiratet 1809 die Königstochter Maria Amalia von Neapel-Sizilien. Mit ihr wird er zehn Kinder haben, vier Töchter und sechs Söhne. Zudem findet er zurück in die Politik Frankreichs und hangelt sich geschickt durch die nach-napoleonischen Wirren. Seine grosse Chance kommt 1830 mit der Julirevolution.

Zunächst hält er sich diskret im Hintergrund und kehrt erst nach dem gewaltsamen Umsturz zu Fuss nach Paris zurück. Effektvoll lässt er sich von einem Trommler begleiten, der voranschreitet, und wickelt sich in einen Trikoloreschal. Weil die Umstände günstig sind und er die Grundsätze der Französischen Revolution achtet, wird Louis-Philippe zum König erkoren. Er nennt sich nicht wie seine Vorgänger «König Frankreichs», sondern «König der Franzosen». Er will als König des Volks gelten, eben als «Bürgerkönig».

Uns, die wir seine Frauengeschichten aus Reichenau und Finnland kennen, würden allerdings noch andere, weniger schmeichelhafte Beinamen einfallen.

EIN KÖNIG DER FRANZOSEN, NICHT DER SCHWEIZER

Dass König Louis-Philippe zeitweilig im Schweizer Asyl gelebt hat, ist seiner Politik jedoch beim besten Willen nicht anzumerken. Beispiel Nummer eins: Ein Jahr nach der Thronbesteigung entlässt er die eidgenössischen Regimenter unter französischer Flagge, stattdessen gründet er die Fremdenlegion. Ein Entscheid, der die lukrativen Verdienstmöglichkeiten vieler Schweizer Patrizier massiv beschneidet. Zweites Beispiel: Die Regierung des Bürgerkönigs mischt sich in Schweizer Angelegenheiten ein, zum Beispiel anlässlich der Conseil-Affäre von 1836. Dabei geht es um die Auslieferung eines französischen Spitzels, der in der Schweiz Informationen über französische Flüchtlinge gesammelt hat. Erst als England als Vermittlerin zwischen der Eidgenossenschaft und Frankreich auftritt, entspannt sich die Lage.

Das dritte Beispiel datiert auf das Jahr 1838: Prinz Louis-Napoléon (der spätere Napoleon III., siehe Seite 98ff.) hat seine Jugend im Thurgau verbracht. Jetzt darf er sich nur zeitlich begrenzt in der Eidgenossenschaft aufhalten, was er missachtet. Louis-Philippes Frankreich ist dadurch so aufgebracht, dass es gleich mit einem Einmarsch droht. Umgekehrt rufen einige Schweizer Kantone die Mobilmachung aus. Erst nachdem der junge Napoleonide freiwillig die Schweiz verlässt, kühlt sich die aufgeheizte Lage wieder ab.

Auch wenn sich Louis-Philippe politisch offenkundig nicht schweizfreundlich gebärdet, hat er seine Jahre in der Schweiz nicht vergessen. Privat zeigt er seine Dankbarkeit für die damalige Aufnahme und Unterstützung: Franz Josef Müller, der Zuger Passfälscher, bekommt 1836 von König Louis-Philippe das «Ehrenlegionskreuz» und eine mit Diamanten verzierte, goldene Tabakdose mit dem Bild des Königs und der Gravur «Donnée par le Roi», gefüllt mit französischen Goldstücken.

Auch ein anderer Zuger erhält ein edles Präsent: Alois Damian Bossard, der Wirt des Hotels Ochsen in Zug, in dem der Bürgerkönig gelegentlich dinierte, bekommt ein vornehmes Tafelservice geschenkt, ergänzt um ein feinstes Kaffeeservice aus der königlichen Porzellanfabrik, alles versehen mit einem goldenen, königlichen «L» mit Krone.

Auch das Schloss Reichenau, von wo der junge Louis-Philippe nach Bekanntwerden der Schwangerschaft seiner Geliebten verschwinden musste, wird vom Bürgerkönig mit einer grosszügigen Gabe bedacht. 1845 schenkt Louis-Philippe den Bündnern zwei Bilder, die noch heute im Schloss zu sehen sind: Auf dem ersten ist Louis-Philippe als «Monsieur Chabos» vor einem Globus im Schulzimmer zu sehen; auf dem zweiten posiert er, der König, in einer Galauniform.

Übrigens: Das Louis-Philippe-Zimmer im Schloss existiert noch heute und kann besichtigt werden. Im 19. Jahrhundert wurde es zu einem Anziehungspunkt für Reisende aus dem In- und Ausland. Heute ist es allerdings nur noch eine einfache Kammer, die an die eher unrühmliche Zeit des späteren Königs von Frankreich erinnert.

«Im Schafstall
kann ein Kalb
König sein.»

CHARLES DE
MONTESQUIEU

Gustav IV. Adolf
von Schweden

DER GETRIEBENE UND VERJAGTE

WER

Gustav IV. Adolf von Schweden.

WANN

Geboren am 1.November 1778 in Stockholm, gestorben am 7.Februar 1837 in St.Gallen.

WAS

Er war von 1792 bis 1809 König von Schweden.

WIE

Der absolutistisch regierende König agierte aussen- und innenpolitisch glücklos, bis er 1809 von Offizieren gestürzt und des Landes verwiesen wurde.

BEZUG ZUR SCHWEIZ

Nach seinem Sturz kam er 1810 erstmals in die Schweiz. Zeitweilig wohnte er in Basel, wo er sogar das Bürgerrecht erwarb. Die letzten drei Jahre seines Lebens verbrachte er in St.Gallen. Dort starb er schliesslich 1837. Erst 1884 wurden seine Gebeine nach Stockholm überführt und im Grab der schwedischen Könige beigesetzt.

Wie der schwedische König Gustav IV. Adolf quer durch Europa und über seine eigenen Füsse stolperte. Wie er Basler Bürger wurde – und sich in der Stadt trotz allem unwohl fühlte. Und warum er seine letzten Jahre ausgerechnet in St. Gallen verbrachte.

Der schwedische König Gustav IV. Adolf lebte mehrere Jahre in Basel und in St. Gallen, bereiste Lenzburg, Brugg, Bern, Schaffhausen, Neuenburg und Luzern, und er erwarb sogar das Basler Bürgerrecht. Indes erinnert kein Denkmal an ihn, keine Strasse ist nach ihm benannt, keine Stadtführung befasst sich mit ihm. Nur auf zwei bescheidenen Gebäudetafeln ist er erwähnt, eine befindet sich an der verkehrsreichen Ausfallachse der Basler St. Johanns-Vorstadt, die andere praktisch nicht sichtbar oberhalb eines Schaufensters in der St. Galler Altstadt.

Dieser König hinterliess in der Schweiz kaum Spuren.

Er war ein sonderbarer Kauz, seine Anwesenheit war keine Sternstunde der Geschichte.

Er erfüllte jene, die ihm begegneten, nicht mit Stolz, sondern mit Scham oder peinlichem Schweigen.

Denn er war ein Verlierer, an den man sich nicht gerne erinnert.

Auf Neudeutsch formuliert: Er war ein Loser.

Es ist das Jahr 1818. Aus dem einstigen Schwedenkönig

Gustav IV. Adolf wird am 4. Februar der titellose Bürger Oberst Gustav Adolf Gustafsson. Der Rat von Basel verleiht ihm nach langem Hin und Her das Basler Bürgerrecht. 1500 Franken beträgt die bar zu entrichtende Einbürgerungsgebühr.

Gustav, der Schwede, bewohnt damals in Basels Stadthausgasse die unteren Zimmer im «Haus zum Seufzen» – der Hausname scheint zum abgehalfterten König zu passen. Seine Zimmer, welche auf die damals bestialisch stinkende Birsig hinausgehen, nennt er «Kajüte», den Fluss bezeichnet er als «Kloake». Diese Wohnsituation ist ein Unglück mehr in seinem Leben, das so überaus reich ist an Pleiten, Pech und Pannen, wie wir noch sehen werden.

Gustav IV. Adolfs unglückliches Leben beginnt bereits mit seiner Geburt am 1. November 1778 in Stockholm. Am fernen Wiener Hof geht das Gerücht, der junge Thronfolger könne unmöglich der Sohn von König Gustav III. Adolf sein, weil dieser schwul sei. Der Vater des Babys sei entweder der Stallmeister oder der königliche Leibarzt, der schon mal neben dem königlichen Schlafgemach nächtigte und schwülstige Liebesbriefe von der Königin erhielt.

Das Unglück des kleinen Gustav IV. Adolfs nimmt fortan seinen Lauf. Kaum den Kinderschuhen entwachsen, fällt sein Vater König Gustav III. Adolf 1792 einem Attentat zum Opfer; dass der theaterverrückte König ausgerechnet an einem seiner geliebten Maskenbälle ermordet wird, ist so bizarr, dass Giuseppe Verdi später aus dem Stoff die Oper «Ein Maskenball» entwickelt.

Der junge Thronfolger Gustav IV. Adolfs, verwirrt nach der Ermordung seines Vaters, erbt die schwedische Krone, kommt aber unter Vormundschaft seines Onkels und Regenten, der wiederum von einem herrschsüchtigen, paranoiden Günstling dominiert wird. Gustavs Mutter, Königin Sophie Magdalene von Dänemark, ist ihrem Sohn keine Hilfe, sie hatte sich nach Bekanntwerden der homosexuellen

Eskapaden ihres ermordeten Mannes komplett aus der Öffentlichkeit zurückgezogen.

Vier Jahre später ist Gustav IV. Adolf volljährig und regiert alleine, er entlässt seinen Onkel und Vormund sowie dessen Günstling. Stattdessen stellt er Hofbeamte ein, die schon seinem Vater gedient haben. Die Aufklärung hat in ganz Europa Spuren hinterlassen, der Kontinent befindet sich nach der Französischen Revolution im Aufbruch (wir erinnern uns an Louis-Philippe in Frankreich); einzig der junge Schwedenkönig hält starrsinnig und altertümlich an traditionellen Formen und Denkmustern fest. Sein Verhalten sei, heisst es, so spröde und starr wie schwedisches Eisen! Zudem türmt Gustav IV. Adolf einerseits gerne romantische Gedankengebäude auf und flüchtet sich anderseits in eine schwärmerische Religiosität.

DIE GEPLATZTE VERLOBUNG

Kein Wunder, folgt das nächste Verhängnis schon bald. Gustav IV. Adolf will Prinzessin Luise Charlotte von Mecklenburg-Schwerin heiraten und verlobt sich mit der 16-jährigen Schönheit. Doch er hat den Einfluss der russischen Zarin Katharina II. unterschätzt. Diese will aus taktischen Gründen lieber ihre russische Enkelin mit dem Schweden verheiraten. Gustav IV. widersetzt sich nicht grundsätzlich, sondern aus religiösen Gründen dieser Einmischung. Er will keine russisch-orthodoxe Heiratsfeier. Stattdessen heiratet er schliesslich eine andere 16-Jährige, nämlich Friederike von Baden. Immerhin ist deren ältere Schwester bereits mit dem Grossfürsten Alexander von Russland (der spätere Zar Alexander I., siehe Seite 77ff.) verheiratet, sodass die russische Katharina einverstanden ist und der Schwede indirekt auf eine politische Annährung an Russland hoffen darf.

Aber die taktische Überlegung in Sachen Heirat schadet Gustav IV. Adolf in seiner Heimat massiv. Denn die Schweden interpretieren die königliche Verbindung als Beginn fortwährenden Elends. Die badische Königin, so der Vorwurf, denke und fühle deutsch, hasse die langen, dunklen Winter im Norden und könne die schwedische Bevölkerung nicht leiden. Tatsächlich wird das königliche Ehepaar auffällig wenig in Stockholm anwesend sein: In den Jahren 1803 bis 1805 lebt das Paar mehr als 18 Monate im Ausland, sodass freche Stockholmer ein Schild beim königlichen Schloss anbringen, auf dem steht: «Zimmer zu vermieten!»

Auch politisch bringt die Heirat nicht die erhoffte Annäherung an die europäischen Herrscherhäuser. Zeichen der Freundschaft wie den Schwarzen Adlerorden Preussens und den St.-Andreas-Orden Russlands lehnt Gustav IV. Adolf ab, was nichts anderes als eine diplomatische Abfuhr bedeutet. Der schwedische König isoliert sich mehr und mehr, was ihm den Übernamen «Don Quijote des Nordens» einträgt.

Seine politischen Alleingänge haben schwerwiegende Folgen: Zuerst verliert König Gustav IV. Adolf das Gebiet Schwedisch-Pommern und die Insel Rügen an Napoleon Bonaparte, danach auch noch Finnland, das sein Schwager Zar Alexander I. in einem Blitzkrieg erobert. Damit ist Finnland, dieses «Juwel in Schwedens Krone» – nach 600 Jahren Zugehörigkeit zu Schweden – für sein Land verloren. Gustav IV. Adolf tobt: Er wirft seiner Leibgarde Feigheit vor, degradiert in seiner Wut 120 Gardeoffiziere und nimmt ihnen die Fahnen ab. Mit dieser entwürdigenden Herabsetzung bringt er den schwedischen Adel gegen sich auf. Als er aufgrund horrender Kriegskosten noch eine neue Kriegssteuer beschliesst, wendet sich auch das einfache Volk gegen seinen König.

In dieser Krise zeigt sich, wie König Gustav IV. Adolf tickt. Jegliche Kritik prallt an ihm ab, weil er sich als unfehlbaren Herrscher sieht, der von Gott eingesetzt ist. Jede Änderung des Althergebrachten ist für ihn ein Verstoss gegen die göttliche Vorgabe und Ordnung. Der schwedische

Monarch ist ein Absolutist wie einst die Könige Frankreichs, welche die Französische Revolution längst weggefegt hat.

DIE REVOLUTION OHNE BLUTVERGIESSEN

Der schwedische König ist für jegliche Erkenntnisse aus der Geschichte taub und blind. Beamte und Berater, die ihn von seiner Linie abbringen wollen, setzt er ab und installiert an deren Stelle Ja-Sager. Aber die öffentliche Meinung in Schweden kippt allmählich: Der König gilt als Schwachkopf, Pedant und Narr, als ein Loser, der sein Land gefährlich nahe an den Abgrund geführt hat. So kommt es, dass Gustav den traditionellen Neujahrsball im Königshaus allein mit seiner Frau Friederike feiern muss; sämtliche geladenen Gäste boykottieren den royalen Event.

Die ablehnende Haltung dem König gegenüber zieht weitere Kreise. Innerhalb von Schwedens Adel und Offizierskorps wächst die Ansicht, dass Schweden möglichst schnell zu retten sei, solange noch etwas zu retten ist: Es riecht nach Revolution. Tatsächlich dringt am 13. März 1809 eine Handvoll Offiziere ohne Gegenwehr ins Schloss Haga bei Stockholm ein und findet den König in seinem Schlafzimmer. Die Revolutionäre verhaften ihren König und überführen ihn in die Festung von Schloss Gripsholm – es ist ein Staatsstreich ohne Kampf und Blutvergiessen, merkwürdig unpathetisch. Dem König wird nichts weniger als Staatsverrat vorgeworfen: Er habe leichtfertig Krieg geführt, Schulden angehäuft und den blühenden Zustand des Reichs in allgemeine Not verwandelt.

Der selbstmitleidige Gustav IV. Adolf hat zwar kein Einsehen, aber er erträgt die Beugehaft nicht. Nach 15 Tagen im Kerker knickt er ein. Um seine Haut zu retten, unterschreibt der Schwedenkönig seine Abdankungsurkunde. Darin beeidet er, dass er und seine Erben «der schwedischen Krone und Regierung verlustig» gehen, «nun und für ewige Zeiten». Eine folgenschwere Handlung.

Gustav IV. Adolf ist nicht mehr König, er hat keine Macht mehr, aber auch keine Pflichten. Die Welt steht ihm offen. Doch will er sich nicht allzu weit weg von Schweden aufhalten, damit er bei einem politischen Wechsel vielleicht doch wieder nach der Macht greifen könnte. Deshalb wählt er das verhältnismässig nahe gelegene Christiansfeld im Herzogtum Schleswig (heute Dänemark) als Rückzugsort. Aber das ist den Schweden nicht weit genug entfernt, weshalb man ihm die Schweiz als Exilort nahelegt.

Stattdessen schlägt Gustavs Gattin Friederike Bruchsal (Baden-Württemberg), den Wohnort ihrer Mutter Amalie von Baden, vor. Unter strenger Aufsicht von schwedischen Soldaten reisen die Exilanten dann via Karlskrona, Stralsund, Hamburg, Hannover und Frankfurt quer durch die deutschen Länder. Von Bruchsal aus können sie auch die Frage einer zukünftigen Niederlassung in der Eidgenossenschaft mit aller Sorgfalt prüfen. Allem Anschein nach hat die eidgenössische Tagsatzung nichts gegen einen dauerhaften Aufenthalt des königlichen Sonderlings einzuwenden.

Das Wohnen in Bruchsal bei der Schwiegermutter gestaltet sich für die gefallene Königsfamilie alles andere als einfach. Gustav IV. Adolf trauert seiner ehemaligen Macht nach und verhält sich wie ein Tyrann: herrschsüchtig und launisch. Er führt sich auf wie ein König in Amt und Würden statt wie ein verbannter Monarch. Um die Situation zu entschärfen, bietet der Grossvater von Ex-Königin Friederike der Familie das Schloss Meersburg am Bodensee als Bleibe an. Gustav IV. Adolf lässt sich alle Details des Schlosses beschreiben. Als er von den Wandtapeten hört, opponiert er heftig: Auf Schloss Gripsholm, wo er inhaftiert gewesen war, habe es ähnliche Tapeten gehabt, weshalb Meersburg keinesfalls in Betracht komme!

DER FLUCHTORT SCHWEIZ

Wie sprunghaft Gustav IV. Adolf ist, zeigt auch die nächste Episode seines traurigen Lebens. Ohne ein Wort der Erklärung oder des Abschieds reist der Schwede aus Bruchsal ab und kommt vor Ostern 1810 in die Schweiz. Ob es war, wie es ein Biograf vermutet, weil seine Frau sich dem Ex-König verweigert hat, oder ob er eine seiner unerklärlichen Launen hatte, wissen wir nicht. Doch seine Frau und seine Schwiegermutter reisen dem Entwichenen unverzüglich nach und holen ihn in Schaffhausen ein. Aber alles Reden ist vergeblich: Gustav IV. Adolf will sich von Frau und Familie trennen. Kurz darauf erfolgt die Scheidung. Dabei überlässt er die Erziehung der Kinder seiner Frau, verzichtet auf die Verwaltung seiner Güter sowie auf die Rentenzahlungen aus Schweden: Er will fortan frei und unabhängig sein. Dazu wählt er ein karges Leben ohne Frau, ohne Kinder und ohne Hofstaat. Er will, erklärt er, nur von Erträgen aus seinen Diamanten leben.

Aller Pflichten entledigt, hätte Gustav IV. Adolfs Leben jetzt glücklich werden können. Doch das wird es ganz und gar nicht.

Der Pechvogel führt stattdessen ein rastloses Wanderleben, das ihn kreuz und quer durch Europa führt. Er meidet jeden Kontakt mit seiner Familie, die sich in Karlsruhe niedergelassen hat. Und doch versucht er immer wieder, sich als König zu rehabilitieren oder wenigstens seinen Sohn als Monarchen ins Spiel zu bringen. Als 1810 der designierte schwedische Thronfolger bei einer Revue einen Schlaganfall erleidet und tot vom Pferd stürzt, ist das für Gustav IV. Adolf ein überdeutlicher Wink des Schicksals. Von der ostpreussischen Stadt Memel aus versucht er, möglichst schnell über die Ostsee nach Schweden zu gelangen. Aber der Unglücksrabe wird bereits auf dem Schiff enttarnt und wieder an Land gesetzt. Daraufhin wählt er den diplomatischen Weg: Gustav IV. Adolf will mit seinem Schwager Zar

Alexander I. von Russland (siehe Seite 73ff.) und seinem einstigen Verbündeten George III. von England neue Allianzen schmieden – alles vergeblich.

Um einfacher reisen zu können, verwendet er verschiedene Pseudonyme, so zum Beispiel die Namen «Oberst Gustafsson», «Graf Gottrop» oder «Herzog von Holstein-Eutin». Religiös, wie Gustav noch immer ist, möchte er ins Heilige Land nach Palästina pilgern. Doch auch dieser Reise ist kein Glück beschieden, weil er unterwegs vom grossen Wiener Kongress hört, an dem ganz Europa neu geordnet wird. In Wien sind alle Herrscher Europas versammelt; das ist für ihn der ideale Ort, um nochmals gegen seine ungerechtfertigte Absetzung zu protestieren: Gustav bricht seine Pilgerreise ab und spricht 1815 in Wien vor. Am Kongress wird er allerdings nicht einmal empfangen. Ihm als gestrauchelten König wird sein politischer Stellenwert deutlich vor Augen geführt, und er erlebt einen weiteren Tiefpunkt seines Lebens. Frustriert reist er ab.

Aus Mitleid lässt ihm sein Schwager Alexander I., der russische Zar und Leiter des Wiener Kongresses, das Schloss zu Jever in Niedersachsen bereitstellen. Doch der Verschmähte will weder Mitleid noch ein zur Verfügung gestelltes Schloss. Stattdessen macht er sich auf, sich in der neutralen Schweiz niederzulassen. Hier will er zur Ruhe kommen und sich eine neue Existenz aufbauen.

Er kommt nach Basel, reist weiter, kehrt zurück, macht in Brugg Halt, schreibt von dort – auf Französisch – dem Basler Rat, dass er das Basler Bürgerrecht wünsche. Ein ehemaliger König will Teil einer demokratischen Stadt werden? Im Basler Einbürgerungsgesetz von 1816 steht jedoch, dass sich niemand durch Geburt oder Adel von den anderen abheben dürfe. Deshalb muss Oberst Gustafsson, wie er sich jetzt durchgehend nennt, auf alle adeligen Vorrechte und Ehrentitel verzichten. Das tut er, und danach ist der Weg für seine Einbürgerung frei: Gustav Adolf Gustafsson, der ehemalige König Gustav IV. Adolf von Schweden, wird 1818 ein gewöhnlicher Bürger der Stadt Basel.

Der Neuankömmling mit der royalen Vergangenheit kauft im August des gleichen Jahres ein Haus in der St. Johanns-Vorstadt 72. Das unscheinbare, aber frisch renovierte Gebäude kostet 12 000 Franken. Um das Haus bezahlen und seinen durchaus bescheidenen Lebenswandel bestreiten zu können, entlässt er seinen griechischen Diener, den er auf der Pilgerreise rekrutiert hat.

Täglich verlässt Oberst Gustafsson zur gleichen Zeit das Haus am Stadtrand und spaziert Richtung Innenstadt. Natürlich wird er auf Basels Strassen erkannt und mit «Majestät» gegrüsst. Er aber spricht kaum und wenn, dann nur gebrochenes Deutsch, das Französische dagegen kommt ihm locker über die Lippen. Er geht stets zu Fuss und isst in Gastwirtschaften mit reisenden Kaufleuten, um deren Geschichten aus der grossen, weiten Welt zu hören. Doch Oberst Gustafsson ist ein wunderlicher Zeitgenosse: Er misstraut jedem, sein Gemüt ist sehr reizbar. Bereits eine nichtige Kleinigkeit genügt, um Entschlüsse sofort mit allen Konsequenzen wieder umzustossen.

Begegnen ihm arme Menschen, spendet er etwas. Doch schon bald werden ihm die vielen Bettler, von denen er «über alle Beschreibung überlaufen» wird, zur Plage. Überhaupt überfordert ihn der Alltag im damals noch recht beschaulichen Basel: Gleich hinter seiner Liegenschaft befindet sich das «Entenloch», ein beliebter Badeplatz am Rhein. Das Geschrei ausgelassener Kinder erträgt Gustav nicht. Einmal streift der Ball spielender Kinder sogar seine Wange. Kurz: Er fühlt sich unwohl in Basel. Gustafsson beklagt sich, dass er in seinem Haus keine Ruhe mehr finde. Seine Liebe zu Basel kühlt merklich ab.

Diese Entwicklung verstärkt sich abermals, als er – der Mann, der nie einer geregelten Arbeit nachgegangen ist – sich als Zeughausverwalter in Basel bewirbt. Dass ihm die Basler die Stelle gar nicht geben können, weil er noch nicht zehn Jahre in der Stadt wohnt, wischt Oberst Gustafsson vom Tisch: Er fühlt sich von den Kindern und Bettlern belästigt und nun auch noch von den Bürgern verachtet. Das sind Gründe genug, um Basel 1822 den Rücken zu kehren. Er verlässt die Stadt auf einem Güterschiff in Richtung Frankfurt. Die nutzlos gewordene Bürgerurkunde sendet er dem Rat zurück und bittet gleichzeitig um die Rückerstattung der Einbürgerungsgebühr von 1500 Franken. Die Basler gehen darauf nicht ein.

Gustav Adolf Gustafsson hält sich in der Folge nur noch sporadisch am Rhein auf, er besucht ab und zu Freunde wie Oberst Johann Albert Frischmann, Goldschmied Johann Jakob Handmann und Professor Christoff Legrand. Dann steigt er jeweils im Gasthof Zum Wilden Mann ab, wo man die Marotten des merkwürdigen Schweden mittlerweile kennt. Doch zwei Jahre später ist Gustavs Basler Zeit endgültig vorüber: Er verkauft sein Haus in der St. Johanns-Vorstadt und nimmt offiziell Wohnsitz in Leipzig.

DIE RUHE IM «WEISSEN RÖSSLI»

Auf den nun folgenden Irrfahrten quer durch Europa verschlägt es Oberst Gustafsson immer wieder in die Eidgenossenschaft, er besucht weitere Schweizer Städte. Für seine Reisen benutzt er Postkutschen und Schiffe, viele Strecken legt er zu Fuss zurück. In Lenzburg steigt er bei Stadtammann Gottlieb Heinrich Hünerwadel (1769–1842) ab, wo er ein kleines Gastzimmer bewohnt. Dass die Treppen putzende Frau die Gattin des noblen Lenzburgers ist, erkennt Gustav nicht, was zu einem peinlichen Fauxpas führt. Der Schwede verhält sich zurückhaltend bis verschlossen, ausser wenn es um seine königliche Vergangenheit geht: Dann braust er sogleich auf.

Die Stadt Bern gefällt ihm, er lernt dort Schultheiss Niklaus Friedrich von Mülinen (1760–1833) kennen. Wie viele andere Ausländer zu dieser Zeit bereist Gustav Adolf

Gustafsson auch die Urschweiz und Luzern, um die Berge und den Vierwaldstättersee zu bewundern, aber einmal auch, um einer Landsgemeinde in Stans beizuwohnen. Gustafsson wird dabei dank der Empfehlung des Berner Schultheissen von den Behörden Nidwaldens mit Ehrungen empfangen. Wie dem einst absolutistischen Herrscher die urdemokratische Volksgemeinde gefallen hat, ist leider nicht überliefert. Auch nach Neuenburg reist der Schwede. Der Aufenthalt dort behagt ihm dermassen, dass er sich gleich nach den Niederlassungsbedingungen erkundigt. Doch daraus wird nichts.

Wahrscheinlich kommt er 1822 zum ersten Mal nach St. Gallen. Die kleine, etwas abseits gelegene Stadt hinterlässt bei ihm einen bleibenden Eindruck. Die freundliche Aufnahme im einfachen Gasthof Zum weissen Rössli wirkt, wie er in einem Brief bemerkt, «entscheidend». Beim Betreten des Zimmers soll Gustav gesagt haben: «Hier erinnert mich alles an mein Kabinett in Stockholm, selbst die Zimmertapete; in diesem Zimmer will ich wohnen.» Wir erinnern uns: Einst lehnte er das Schloss Meersburg der Tapeten wegen ab. Ausschlaggebend war gewiss auch, dass die St. Galler Unterkunft verhältnismässig günstig war.

Noch immer zieht es den Getriebenen in die Welt hinaus, stets von der Hoffnung genährt, seinem Sohn den verlorenen Thron zu retten. Nach weiteren, anstrengenden und letztlich entwürdigenden Reisen ist er von der Erfolglosigkeit seiner unzähligen Anstrengungen überzeugt. So entschliesst er sich, in stiller Resignation seinen Lebensabend bei Rössliwirt Samuel Näf in St. Gallen zu verbringen.

Der Rastlose will hier endlich zur Ruhe kommen. Ein volles Vierteljahrhundert lang hat die entthronte Majestät um ihr Recht gekämpft und gelitten, umso mehr will Gustav seinen letzten Lebensabschnitt in friedlicher Zurückgezogenheit verbringen. Während ihn die Fachwelt für ziemlich verrückt hält, flüchtet er in stundenlanges Klavierspielen

Hier verbringt Gustav IV. Adolf seinen Lebensabend: Der abgesetzte Schwedenkönig wohnt in einer einfachen Kammer des «Weissen Rössli» in St.Gallen.

und Bücherlesen. Er liest zahllose Zeitungen und Journale, am liebsten Kriegswissenschaftliches, über das er auch gerne redet. Er schreibt auch selbst, zum Beispiel 1835 die rechtfertigenden Memoiren über seine Entthronung, die er unter dem Titel «Der 13. März oder die wichtigsten Tatsachen der Revolution von 1809» in St.Gallen herausgibt. Als Autor fungiert ein Oberst Gustafsson, sein Pseudonym, das ihm in Fleisch und Blut übergegangen ist. Er verfasst auch eine Abhandlung über Ebbe und Flut, einen «Versuch über die Staatsökonomie» sowie «Dialogue du Croyant et Clairvoyant», Worte des Trosts an politische Flüchtlinge, denen er sich als Exilant verbunden fühlt.

Abends unternimmt der zunehmend schrullige Gustafsson ausgiebige Spaziergänge. Das Fahren und Reiten unterlässt er, weil er sparsam leben muss. Er weiss nicht, dass seine Tochter Sophie, die Grossherzogin von Baden, dem Gastwirt Näf Geld zusteckt, damit ihr Vater nur die Hälfte der Pensionskosten bezahlen muss. Auch sorgt die von ihm verschmähte Familie dafür, dass er ab und zu frische Kleider bekommt. Er korrespondiert mit mehreren Fürsten und Staatsmännern in Europa. Antworten, die ihm missfallen, oder nicht beantwortete Klagen graben sich tief in sein reizbares Gemüt ein. Seine Empfindlichkeit holt ihn immer wieder ein: Bei wirklicher oder vermeintlicher Kränkung kommt es vor, dass er stundenlang weint, sich betrinkt oder sich tagelang in sein Zimmer einschliesst.

Als er wieder einmal krank ist, mit geschwollenen Füssen und beengter Brust, sträubt er sich gegen Ärzte und Arzneien, weil er allen, und auch jeglicher Medizin, misstraut. Am 8. Februar 1837 stirbt der gestürzte König von Schweden in einem einfachen Zimmer im «Weissen Rössli» in St.Gallen.

Ein unglückliches Leben ist zu Ende gegangen.

«Der Zar hat immer Recht.»

RUSSISCHE REDEWENDUNG

Zar Alexander I.

DIE UMARMUNG DES ZAREN

WER

Zar Alexander I. Geboren als Alexander Pawlowitsch Romanow.

WANN

Geboren am 23. Dezember 1777 in St. Petersburg, gestorben am 1. Dezember 1825 in Taganrog in Südrussland.

WAS

Er war Kaiser von Russland (1801–1825), König von Polen (1815–1825), erster russischer Grossfürst von Finnland (1809–1825) und Herr von Jever (1801–1807 und 1813–1818).

WIE

Während seiner Regierungszeit vergrösserte er den Einflussbereich Russlands deutlich.

BEZUG ZUR SCHWEIZ

Zar Alexander I. wurde von einem Schweizer Erzieher grossgezogen und geprägt, bereiste 1814 die Schweiz und blieb ihr freundschaftlich verbunden.

Wie der russische Zar Alexander I. für die Schweiz schwärmte. Was der Wiener Kongress damit zu tun hatte. Und warum der russische Multi Gazprom nicht nur Gas fördert, sondern auch die Erinnerung an eine russisch-schweizerische Begegnung anno 1814.

Die Suworow-Kadetten der russischen Militärmusikakademie schmettern einen dumpfen Marsch, singen dazu, pfeifen und paradieren im Takt, danach wirbeln die Basler Tambouren ihre Schläger übers Trommelfell.

Eine Szene aus grauer Vorzeit?

Mitnichten.

Das Ganze spielt sich am 26. September 2012 ab – beim Haus Seidenhof in Basel hängt seit diesem Tag ein Geschenk der russischen Föderation. Oder genauer: ein Geschenk der Suworow-Stiftung und des russischen Energiekonzerns Gazprom, überreicht vom russischen Botschafter Alexander Golovin. Basels Regierungspräsident Guy Morin schüttelt dazu Hände und lächelt in die Kameras. Und die Suworow-Kadetten umrahmen die feierliche Zeremonie mit ihren martialischen Klängen. Begleitet von Basler Trommlern.

Das Geschenk ist eine Gedenktafel, die den Schweizer Pädagogen Johann Heinrich Pestalozzi mit dem russischen Zaren Alexander I. zeigt und an deren gemeinsames Treffen von 1814 in Basel erinnert. Gestaltet hat die bronzene Tafel der russische Bildhauer Vladimir Surowzew, der schon öfters Kriegsdenkmäler entworfen hat. Freundlicherweise beschränkte sich der Künstler auf die Darstellung der Köpfe von Pestalozzi und des Zaren und hat diese gleich gross abgebildet, sodass sie auf der Gedenktafel ebenbürtig wirken.

Tatsächlich hatten sich Johann Heinrich Pestalozzi und Zar Alexander I. 198 Jahre vor der Gedenktafelenthüllung in Basel getroffen. Aber wer aufgrund der Darstellung an ein Treffen zweier ebenbürtiger Heroen jener Zeit glaubt, liegt ziemlich falsch; es war kein Treffen auf Augenhöhe. Zar Alexander I. war einer der wichtigsten Politiker der Epoche, er weilte 1814 im Vorfeld des Wiener Kongresses in Basel. Er bereitete nichts weniger als die komplette Neuordnung Europas vor; nun wollte er vorgängig die Vertretungen Frankreichs, Österreichs und Preussens treffen, um die Verhandlungsspielräume geschickt auszuloten. Johann Heinrich Pestalozzi, der damals berühmte Schweizer Reformpädagoge, hörte, dass der hohe Besuch in Basel weilte. Unverzüglich machte er sich von Yverdon aus auf den Weg und drängte sich regelrecht zum Zaren vor. Im Gegensatz zu seinen zwei Begleitern wurde Pestalozzi tatsächlich eine Audienz beim Zaren gewährt, wahrscheinlich aufgrund seines hohen Bekanntheitsgrads.

Auf der einen Seite steht nun also der Heisssporn Pestalozzi, mittlerweile von 68 Jahren Pionierarbeit gezeichnet, mit etwas eingefallenen Wangen, leicht vornübergebeugt sich bewegend, mit langen, meist ungekämmten Haaren und einem staubigen Rock, kurz: ein etwas verschrobener Typ. Auf der anderen Seite steht der ihn empfangende stolze Zar Alexander I. in tadelloser Paradeuniform, der Herrscher eines Weltreichs, in ganz Europa gefragt, 37-jährig, mit rundem, freundlichem Gesicht, gross gewachsen, eine stolze Erscheinung mit Spannung im Körper, ein Magistrat mit Ausstrahlung, wie man ihn heute für einen Heldenfilm casten würde.

Das legendäre Treffen in Basel: Zar Alexander I. empfängt den Schweizer Pädagogen Johann Heinrich Pestalozzi. Hier in der Darstellung von Karl Jauslin.

ZERSTRITTEN UND KNAPP BEI KASSE

Der Schweizer Pädagoge soll Zar Alexander I. angefleht haben, doch bitte dafür zu sorgen, dass sein Erziehungsinstitut in Yverdon-les-Bains nicht weiterhin von vagabundierenden Truppen der Alliierten behelligt würde – zu den Alliierten zählten damals auch die Russen, die sich gegen Napoleon verbündet hatten. Pestalozzi befürchtete, dass sein Institut als Lazarett für typhuskranke Soldaten eingesetzt würde, von 300 Notbetten war die Rede. Pestalozzi publizierte damals viel und bekam dadurch Anerkennung, doch im Erziehungsinstitut lief es überhaupt nicht rund, er hatte sich mit seinen Institutskollegen zerstritten, war schlecht organisiert und hatte ständig mit Geldproblemen zu kämpfen, sodass sich eine erneute Heimsuchung durch fremde Truppen verheerend ausgewirkt hätte.

Die deutsche Schriftstellerin Luise Rinser (1911–2002) berichtete über das Treffen von Pestalozzi und Alexander I., als wäre sie persönlich dabei gewesen: «Während Pestalozzi den Zaren ohne alle Umschweife für seine Idee der Volksbildung zu gewinnen sucht, rückt er ihm in leidenschaftlichem Eifer immer dichter auf den Leib. Der Zar weicht langsam zurück bis zur Wand. Schliesslich will Pestalozzi ihn am Rockknopf fassen, besinnt sich aber erschrocken und will die Bewegung in einen Handkuss wandeln. Aber der Zar kommt ihm zuvor und umarmt ihn herzlich und schenkt ihm den Wladimirorden, den er später bisweilen auf dem staubigen Rock trägt.»

Schriftstellerische Fantasie oder Wirklichkeit? Wir wissen es nicht. Aber das Bild der Zusammenkunft, dargestellt in einem wohl ausgeschmückten Aquarell von Karl Jauslin – der selbst nicht dabei gewesen sein kann, weil er erst 1842 zur Welt kam –, stellt kein intimes Treffen in einer Zimmerecke dar, sondern zeigt die Zusammenkunft des russischen Zaren und des Schweizer Pädagogen in einem herrschaftlichen Saal mit Wandbildern und üppigen Vorhängen, im Beisein einer Vielzahl von Gästen, die den Protagonisten voller Spannung zusehen.

Einer anderen Quelle zufolge habe Pestalozzi den Kaiser Russlands gebeten, in Russland die Leibeigenschaft aufzuheben. Zum Abschied soll der Kaiser Pestalozzi sogar geküsst haben, sodass dieser nach dem Treffen «wie ein Narr vor Freuden» gewesen sei. Auf dem Heimweg nach Yverdon-les-Bains sei Pestalozzi dermassen übermütig gewesen, berichtet sein Biograf, dass der Pädagoge den finanziell, aber auch gesellschaftlich sehr wertvollen russischen Orden einem Bettler geschenkt haben soll.

Später machte der Besuch Pestalozzis derart Furore, dass dieser sogar in ein Gedicht mündete, das Kinder in der Schule auswendig zu lernen hatten:

«Ein edler Mann uns wohl bekannt
Hat einst gelebt im Schweizerland.
Er war des Edlen Lebenszeit
Der Menschenbildung ganz geweiht.
Einst wanderte er, müd und matt,
Zum Kaiser hin, gen Baselstadt.
[...]
Dann bindet er mit Stroh die Schuh
Und wandert Basels Toren zu.
Er wollte lieber schmucklos geh'n,
Als einen Armen leiden seh'n.»

Nochmals kam das Treffen von Pestalozzi und dem Zaren 1939 im Umfeld der Schweizerischen Landesausstellung vor dem Zweiten Weltkrieg zu Ehren. Der Dramatiker und Anthroposoph Albert Steffen (1884–1963) liess in seinem Theaterstück «Pestalozzi» neben den beiden auch noch Napoleon Bonaparte auftreten. Das etwas krude, religiös geprägte und ganz im Zeichen der Geistigen Landesverteidigung stehende Werk sollte die Schweiz aufrütteln und daran erinnern, was sie für die «kommende Menschheitskultur leisten» sollte. Das Theater wurde nur ein einziges Mal aufgeführt.

All diese verschiedenen Überlieferungen des Treffens zwischen Pestalozzi und dem Zaren zeigen deutlich: So verschieden zuweilen die Geschichte daherkommt, gerade wenn es um Prominente geht – sie regt die Fantasie von Dichtern, Künstlern und Dramatikern an, bringt verschiedene Versionen hervor und bewegt so sehr, dass man sich auch nach 198 Jahren noch an das kurze Zusammentreffen erinnert.

VON EINEM SCHWEIZER ERZOGEN

Wie auch immer: Der russische Zar Alexander I. hatte vielfältige Beziehungen zur Schweiz, wie sich nicht nur im erwähnten Treffen mit Pestalozzi zeigt. Prägend für sein Verhältnis zur Schweiz war etwa, dass Thronfolger Alexander von einem Schweizer erzogen worden war, von Frédéric-César de la Harpe (1754–1838). Der Waadtländer unterrichtete und erzog Alexander nämlich in der wichtigen Zeit zwischen dessen sechstem und achtzehntem Lebensjahr. Er stützte sich dabei auf die Ideale des Schweizer Pädagogen Jean-Jacques Rousseau und wollte keinen Spezialisten heranbilden, sondern einen «citoyen éclairé», einen aufgeklärten Staatsbürger. Gut möglich ist, dass Alexander in dieser Zeit wertemässig und auch praktisch helvetisch geprägt wurde.

1801 fiel Alexanders Vater, Kaiser Paul I., einem Mord zum Opfer, und Alexander rutschte unerwartet rasch als Zar nach. Damit wurde der 24-Jährige unsanft mitten in die wechselhafte Zeit von Kriegen, Bündnissen und Allianzwechseln hineinkatapultiert. Es würde hier zu weit führen, alle sich stets ändernden Konstellationen dieser Ära aufzuzählen. Wichtig ist: Zar Alexander I. war zeit seines Lebens an der Schweiz interessiert und mit ihr verbunden. Und er pflegte weiterhin den Kontakt mit seinem einstigen Erzieher und Mentor De la Harpe, mit gelegentlichen Treffen und vor allem mit Briefen.

Alexander I. kam also, wie erwähnt, 1814 nach Basel und bezog hier vorübergehend Quartier. Der Zar und sein Gefolge stiegen im Seegerhof am Blumenrain ab – das Haus fiel in den 1950er-Jahren einer Strassenverbreitung zum Opfer. Sein Stab quartierte sich im Erdgeschoss ein, der Zar selbst aber bezog die Stube im ersten Stock, die er zu einem kaiserlichen Schlafgemach umfunktionieren liess. Eine alte Dame – die Grossmutter des damaligen Hausbesitzers Christoph Burckhardt – musste deshalb ins Dachgeschoss ausweichen. Der Zar wusste um die Umstände, die er der alten Frau zumutete. Er zeigte sich deshalb sehr dankbar und schenkte ihr eine kostbare Brosche: 198 Diamantrosen umrahmen einen grossen, quadratischen Smaragd. Das wertvolle Stück zählt heute zur Sammlung des Historischen Museums Basel.

Zur Zeit seines Besuchs soll der Zar mehrfach russisch-orthodoxe Messen in Basel abgehalten haben. Zu den Messen kamen auch neugierige Damen der besseren Basler Gesellschaft und anderen Glaubens, um den prominenten Russen einmal leibhaftig in Augenschein zu nehmen. Schon im Zeitalter vor *Gala* und *Glückspost* faszinierten die gekrönten Häupter der weiten Welt. Die Basler Damen, kann man bei Zeitgenossen nachlesen, sollen vom Zaren und seiner edlen Erscheinung sehr angetan gewesen sein.

NACHTRUHE IN SCHAFFHAUSEN RESPEKTIERT

Zuvor war der russische Zar in Begleitung seiner vorausgereisten Schwester Katharina Pawlowna bereits in Frauenfeld und in Schaffhausen abgestiegen. Warum die Berühmtheiten gerade diese Städtchen (Frauenfeld zählt etwa 3000 Personen, Schaffhausen 6000) als Station wählten, ist nicht überliefert. Die Vertreter des Schaffhauser Rats hofften, der prominente Besuch sorge dafür, dass Schaffhausen weniger von herumziehenden Truppen geplündert werde; sie hofften auf Alexanders Einfluss wie schon zuvor Pestalozzi. Doch die Antwort der Russen fiel lakonisch knapp aus: Die Truppen «viendront, mais ils passeront» («kommen, aber sie werden auch wieder gehen»).

Der Zar erreichte am Abend des 7. Januar 1814 Schaffhausen. Um die Nachtruhe in der Kleinstadt dennoch zu gewährleisten, erhielt der hohe Besuch erst am Folgetag den standesgemässen Empfang: Zu Ehren des Zaren läuteten am 8. Januar in ganz Schaffhausen während einer halben Stunde die Glocken, daraufhin feuerte man vom Munot 101 Salutschüsse ab – man hätte meinen können, Schaffhausen sei im Krieg.

Beim nachfolgenden Diner soll der Russe dem Schaffhauser Stadtrat versichert haben, ein grosser Freund der Schweiz zu sein: «Ich liebe neben den Russen niemanden so sehr wie die Schweizer», wird er zitiert, er soll ausserdem die Freundschaft mit seinem einstigen Erzieher De la Harpe hervorgehoben haben. Noch zwei weitere Tage blieb der Zar in Schaffhausen, besuchte zwei Mal den Rheinfall, der schon damals eine bekannte Touristenattraktion war, überdies das Schloss Laufen und das Schlössli Wörth. Bei der Überfahrt vom einen Rheinufer zum anderen kam es zu einem Zwischenfall: Der Zar wollte das Naturschauspiel des Rheinfalls genau beobachten und stand im Ruderboot auf, um eine bessere Sicht zu haben, was das Boot unglücklicherweise gefährlich zum Schwanken brachte. Der Neuhauser Schiffer Heinrich Gelzer fürchtete, das Boot würde kentern, konnte aber weder russisch noch französisch sprechen. Um ein Unglück zu verhindern, blaffte der Schiffer den Magistraten an: «Hocked ab, Majestät!» Der Zar verstand augenblicklich. Und setzte sich hin.

Zar Alexander I., seit seinem Amtsantritt eigentlich ständig mit Krieg und militärischen Manövern konfrontiert, interessierte sich sehr für Waffen und Waffentechnik, weshalb er auch die kleine Stahlgiesserei von Johann Conrad Fischer im Mühlental ausserhalb der Schaffhauser Stadtmauer besichtigte. Fischer war vom hohen Besuch «in meiner armseligen Schmelzhütte» so sehr angetan, dass er aus dem Stahl, den der Zar gesehen hatte, ein besonderes Gewehr herstellte und es ihm später schenkte. Der Zar wusste dies zu schätzen und bedankte sich seinerseits mit einem kostbaren Ring «mit drey Reihen Brillanten und einem orientalischen Amethyst in der Mitte», wie Zeitgenossen bewundernd berichteten.

Überhaupt zeigte sich der russische Herrscher in Schaffhausen sehr freigiebig: Der Wirt des Schlosses Laufen bekam eine Tabakdose aus Gold, der Besitzer des Hotels Kronenhof erhielt hundert Dukaten für sich und weitere fünfzig Dukaten für die Angestellten, dem Schaffhauser Blindeninstitut spendete die Zarenfamilie siebzig Gulden, Kutscher Schalch bekam fünfzig Dukaten und Schiffer Gelzer ebenso viel. Ein Nachkomme Gelzers soll versucht haben, die Schiffsplanke, auf welcher der Zar gesessen hatte, in den 1920er-Jahren nach Russland zu verkaufen. Doch im revolutionären Russland interessierte sich niemand für Zaren-Memorabilien. Stattdessen fand der Schaffhauser Zarenbesuch eine literarische Würdigung: Der Zar und seine Schwester stiegen auch kurz beim einfachen Küfer Johann Jakob Rich in Neuhausen ab – der Dichter Georg von Gaal (1783–1855) machte aus der Begegnung des Zaren mit einfachen Gewerbeleuten ein schwärmerisches Epos mit nicht weniger als zwölf Gesängen unter dem Titel «Die nordischen Gäste – oder der neunte Januar des Jahres 1814».

GENFERIN SORGT FÜR GUTE LAUNE

Zuweilen sind es ja die kleinen Begebenheiten, die Geschichte schreiben. Eine solche ist überliefert: Sie dokumentiert das Zusammentreffen von Zar Alexander I. mit einer lebenslustigen Genferin. Am grossen und folgenreichen Wiener Kongress von 1815 war Zar Alexander I. omnipräsent, schliesslich hatte er den Vorsitz; in der Fachliteratur nannte man ihn «Schiedsrichter Europas». Das ist zwar ein schönes Bild, aber dennoch falsch, denn der Zar sorgte gleichzeitig – um in der Sportsprache zu bleiben – für die Einhaltung der Spielregeln *und* für das Schiessen der Tore. Alle Teilnehmerinnen und Teilnehmer am Wiener Kongress waren peinlichst darauf bedacht, in den Verhandlungen um die neuen Grenzen in Europa möglichst viel für ihr Heimatland herauszuholen, das war auch bei Alexander nicht anders.

Eine etwas andere Rolle hatte die Genferin Anna Eynard-Lullin, die 21-jährige Gattin von Bankier Jean-Gabriel Eynard, dem Sekretär der Genfer Delegation am Wiener Kongress. Die lebenslustige Anna war bei diesem epochalen Ereignis für gute Stimmung zuständig: Sie trank in Wien Tee mit Prinzessinnen und begutachtete dabei deren Diamantenschmuck mit sicherem Auge für dessen Wert. Sie zeigte sich überrascht, wie zugänglich die in Wien verhandelnden Herrscher Europas waren. Eines Abends war sie zum Ball des russischen Botschafters eingeladen und traf niemand Geringeren als den russischen Zaren Alexander I. höchstpersönlich. Die junge Anna blieb bis morgens um vier Uhr am rauschenden Ball, tanzte Arm in Arm mit Herzögen und sogar gleich zwei Mal mit dem Zaren selbst – wie es exakt rapportiert wurde. Sie soll gegenüber dem Zaren, ganz beiläufig, einige nette Worte über Genf fallen gelassen haben. Ob sie wie andere Tanzpartnerinnen mit dem notorischen Frauenheld im Bett landete, ist dagegen nicht überliefert. Auch nicht, ob das Zusammentreffen mit der Genferin politische Folgen hatte.

Aber bezeugte Tatsache ist: Zar Alexander I. war der Schweiz sehr gewogen. Wir erinnern uns an seine Liebesbekundung in Schaffhausen sowie an seinen Schweizer Erzieher Frédéric-César de la Harpe. Dieser hatte seinerzeit als Waadtländer unter der Herrschaft der Berner gelitten und wollte jetzt verhindern, dass die Schweiz auseinandergerissen wurde. De la Harpe hatte vor dem

Kongress mehrfach bei seinem einstigen Schüler Zar Alexander I. interveniert und war nun als Vertreter der Waadt und des Tessins am Wiener Kongress sehr aktiv. Im Gegensatz zu Gustav IV. Adolf (siehe Seite 57ff.), dem gestürzten Schwedenkönig und Schwager von Alexander I., wurde dem überzeugten Waadtländer De la Harpe Gehör geschenkt. Alexander I. stellte sich danach am Wiener Kongress, als auch für die Schweiz folgenschwere Fragen verhandelt wurden, gegen eine Aufteilung der Schweiz und gegen eine Eingliederung in den Deutschen Bund. Der Zar war ausserdem gegen die erneute Unterjochung der Waadt und des Aargaus und band damit die Berner Ansprüche zurück. Als Zugeständnis erhielten die Berner den Jura. Auf diese Weise wurde die Eidgenossenschaft am Wiener Kongress um Neuenburg, Genf und das Wallis erweitert und damit insgesamt gestärkt.

Es gibt sogar Stimmen, die sagen, dass die Schweiz ihre Neutralität alleine Zar Alexanders Wirken in Wien verdankt. Das ist wohl zu weit gegriffen und zu stark vereinfacht. Aber was zutrifft: Der Wiener Kongress war ein Tohuwabohu von Ansprüchen und Zurückweisungen, von Versprechungen und Betrügereien, von Verhandlungsspielchen und Taktiken, von ausgelassenen Bällen und sexuellen Ausschweifungen, von Rivalitäten und Gebietsschacher. Die Schweiz schaffte es in dieser konfusen Konstellation dank geschickter Diplomatie und dank persönlicher Beziehungen, die «Acte portant reconnaissance et garantie de la neutralité perpétuelle de la Suisse et de l'inviolabilité de son territoire» auszuhandeln und unterzeichnen zu lassen. Diese «acte» ist die erste völkerrechtliche Anerkennung der fortwährenden Schweizer Neutralität. Ohne Alexanders persönliches Wohlwollen der Schweiz gegenüber wäre die Neutralität wohl nicht durchzusetzen gewesen. Die Tänzchen mit der Genferin Anna Eynard-Lullin haben dabei sicher nicht geschadet...

RUBEL FÜR VERWAHRLOSTE KNABEN

Zar Alexander I. konnte am Wiener Kongress – nach Kriegen und weiteren Verhandlungen – Russlands Einflussbereich erheblich vergrössern: Russland wurde um Polen, Podlachien, Georgien, Aserbaidschan, Moldawien, Finnland und Bessarabien erweitert, und der Zar stand einer Bevölkerung von rund zehn Millionen Menschen vor. Er war beliebt und geachtet, in Russland war er äusserst populär.

Trotz seiner vielen Aktivitäten im Zarenreich blieb Alexander I. der Schweiz zugetan und fand auch Zeit, dies zu zeigen. Als er im Winter 1816/17 von Hungersnöten in der Schweiz hörte, lieferte er Getreide und spendete umgehend 100 000 Rubel; ein Teil davon ging an die Linthkolonie, eine landwirtschaftliche Erziehungsanstalt für «verwahrloste Knaben». Zar Alexander I. rang der Schweiz im Gegenzug aber zwei Zugeständnisse ab: Er brachte sie dazu, das erste Konsulat in St. Petersburg zu eröffnen und der heiligen Allianz beizutreten, einem ersten System kollektiver Sicherheit in Europa.

So bleibt die Frage, warum ein russischer Energiekonzern wie Gazprom im 21. Jahrhundert eine Gedenktafel in Basel sponsert? Die Antwort ist einfach. Das gigantische Energiekonglomerat hat rund ein Dutzend Tochterfirmen in der Schweiz, die Pipelines und Rohstoffhandel betreiben.

Die russisch-schweizerischen Beziehungen wurden dereinst von Zar Alexander I. freundlich aufgenommen, dann durch den Austausch von Menschen und Gütern vertieft, aber sie waren im Verlauf des 19. und 20. Jahrhunderts zwischenzeitlich getrübt – nun sollen sie eine positiv besetzte Fortsetzung erfahren. Und in diesem Sinn kommt ein – wenn auch auf gleiche Augenhöhe gerücktes – Erinnern an das Treffen zweier Helden der Geschichte beider Länder höchst gelegen.

«Kaiser oder nichts.»

WAHLSPRUCH VON CESARE BORGIA

Kaiser
Napoleon III.

DIE WILDEN JAHRE DES KAISERS

WER

Napoleon III. Geboren als Charles Louis-Napoléon Bonaparte.

WANN

Geboren am 20. April 1808 in Paris, gestorben am 9. Januar 1873 in Chislehurst bei London.

WAS

Er war Kaiser von Frankreich (1852–1870).

WIE

Kein französischer Herrscher regierte so lange wie Napoleon III. Allerdings sind seine Verdienste umstritten: Für die einen war er ein naiver und brutaler Abenteurer, der Frankreich in den Deutsch-Französischen Krieg stürzte; in den Augen anderer hielt er sich geschickt zurück, sodass sich in seiner Zeit die französische Industrie und Technik entfalten konnten.

BEZUG ZUR SCHWEIZ

Er wuchs ab dem siebten Lebensjahr in Salenstein (TG) auf Schloss Arenenberg auf, besuchte in Thun die Offiziersschule und blieb in der Schweiz bis 1838. Später, als er Kaiser Frankreichs war, reiste er nur noch einmal in den Thurgau und nach Thun, nämlich 1865.

Warum der französische Prinz Louis-Napoléon Thurgauer Dialekt sprach. Welche Spuren er am Bodensee und in Thun hinterliess. Wie er die Eidgenossenschaft beinahe in einen Krieg stürzte. Und wie er als stolzer Kaiser in die Ostschweiz zurückkehrte.

Die Züge im Thurgau heissen «Conny-Land Express», «Läufelfingerli» oder «Säntis Express». Nur eine Zugkomposition ist weder einer Ortschaft noch einer Tourismusregion, sondern einer historischen Persönlichkeit gewidmet: Der «Thurbo 727» der Regionalbahn Ostschweiz heisst seit 2004 «Napoleon III.».

Warum huldigt eine Thurgauer Eisenbahn einem französischen Kaiser?

Die Antwort ist ganz einfach: Weil Napoleon III. im Kanton Thurgau aufwuchs und sogar Thurgauer Ehrenbürger wurde. Doch sein Leben warf ihn mehrfach aus der Bahn. Bis er später als Kaiser, notabene mit der Eisenbahn, an den Ort seiner Jugend zurückkehrte, musste er einiges aufgleisen.

Die Schweizer Geschichte des französischen Kaisersprosses nimmt 1815 am Bodensee ihren Anfang. Der siebenjährige Prinz Louis-Napoléon kommt mit seiner Mutter in die Schweiz. Hortense de Beauharnais, Königin von Holland, ist gleichzeitig Stieftochter und Schwägerin von Napoleon Bonaparte.

Beides gleichzeitig? Ja! Aus taktischen Gründen hat ihr berühmter Stiefvater Napoleon Bonaparte sie mit dessen Bruder Louis verheiratet. Damals ging man eine Ehe eher aus Berechnung denn aus Liebe ein. So wurde ihr Stiefvater Napoleon zu ihrem Schwager.

Hortense de Beauharnais ist eine selbstständige, eigenwillige Frau und lebt seit 1810 von ihrem Mann getrennt, den sie nie geliebt hat. Der russische Zar Alexander I. (siehe Seite 77ff.), der in Basel, Frauenfeld und Schaffhausen weilte, kennt sie als Angehörige des europäischen Hochadels: «Von allen Bonapartes ist sie der einzige Mann!» Damit zeigt der Russe doppelte Ironie: Hortense ist keine echte Bonaparte, sondern nur adoptiert, und ein Mann ist sie ebenso wenig – mit Blick auf den damaligen Männlichkeitsbegriff dürfte sie also sehr durchsetzungsfähig und willensstark gewesen sein. Auf jeden Fall ist sie voller Leidenschaft und zeigt grosse Lust an Abenteuern. Der Preis dafür ist hoch: Weil sie 1815 ihren Stiefvater und Schwager Napoleon bei seiner kurzzeitigen Rückkehr an die Macht unterstützt hat, wird sie wie er nach dessen endgültiger Niederlage aus Frankreich verbannt.

Um zu Bargeld zu kommen, verkauft sie ohne Zögern wertvolle Gemälde der Familiensammlung. Anschliessend reist sie nach Pregny bei Genf; doch die Genfer Behörden versagen ihr auf Druck des französischen Botschafters den Aufenthalt. Ohne festen Wohnsitz und ohne klaren Plan irrt sie mit ihrem kleinen Sohn umher: Das erinnert an die biblische Weihnachtsgeschichte. Was reichlich übertrieben ist, denn Hortense und ihr Prinz Louis-Napoléon sind zwar Verbannte, besitzen aber doch einiges mehr als nur einen Esel und einen Stall als Obdach. Sie sind mit drei Kutschen unterwegs; eine für sich, eine für ihre Bediensteten und eine für das Gepäck. Für ein paar Tage findet Hortense im Kloster Einsiedeln Unterschlupf, wofür sie dem Kloster ihr Leben lang dankbar sein wird.

Schliesslich erlauben die Behörden der adeligen Asylantin, sich in der Ostschweiz niederzulassen, weit entfernt von der Landesgrenze zu Frankreich. Sie gelangt an den Bodensee, wo ihre mit dem Grossherzog von Baden verheiratete Nichte wohnt und wo ihr Geld vom Fabrikanten David Macaire in Konstanz verwaltet wird. Doch der Grossherzog von Baden befürchtet aussenpolitische Komplikationen und verlangt, dass Hortense möglichst schnell wieder aus seinem Grossherzogtum verschwindet. Aber sie, ganz die Widerständige, mietet in Konstanz das Anwesen Seeheim mit anmutigem Blick auf den See. Ihr Sohn Louis-Napoléon besucht fortan in Konstanz die gewöhnliche Bürgerschule. Die ehemalige Königin, die nun den unverfänglicheren Titel «Herzogin von Saint-Leu» führt, fühlt sich am Bodensee allerdings unerwünscht und verfolgt. Sie sagt zu ihrem kleinen Sohn: «Wir haben keine andere Wahl, als uns in den See zu stürzen.»

Vielleicht haben sie die vielen Theaterbesuche zu diesem dramatischen Ausbruch motiviert, vielleicht ist die Fantasie mit dem Chronisten durchgegangen, der das angebliche Zitat überliefert hat. Wie dem auch sei: Hortense hat sehr wohl eine Wahl und entscheidet sich für den Thurgau. Nach rund einem Jahr in Konstanz kauft sie das Schloss Arenenberg in Salenstein. Sie restauriert in der Folge das etwas heruntergekommene und von aussen bescheiden wirkende Schloss in französischem Stil und lässt es prachtvoll ausstatten, mit edlen Möbeln, exklusivem Wandschmuck, farbenfrohen Tapeten und dicken Teppichen. Das Schloss Arenenberg wird zu einer miniaturisierten Nachahmung von Schloss Malmaison westlich von Paris und besticht dazu noch mit einer formidablen Aussicht auf See und Landschaft.

Fortan träumt der kleine Prinz im neuen Daheim von tapferen Rittern, edlen Burgfräuleins und sportlichen Turnieren. Aus der Kindheit des napoleonischen Prinzen ist auch folgende Episode überliefert: Im eiskalten Winter wird der Knabe ohne Jacke und barfuss aufgegriffen. Von Mutter und Erzieher darauf angesprochen, meint er: Er sei einer sehr armen Familie begegnet und sei so tief berührt gewesen, dass er den Kindern seine Schuhe und seinen Mantel geschenkt habe. Mit der Überlieferung dieser Anekdote zeichnen die Biografen das Bild von Louis-Napoléon als gutherzigem Wohltäter. Später werden andere Seiten seiner Persönlichkeit dominieren.

GANZ AUF THRONFOLGER GETRIMMT

Kehren wir zurück zur Kindheit und Jugend von Louis-Napoléon. Hortense bemüht sich, dass sich ihr Sohn auch im Thurgau ständig seiner napoleonischen Wurzeln bewusst ist, sie versucht, aus ihm einen idealen Thronfolger zu formen. Das Schloss Arenenberg ist voll mit Erinnerungsstücken an den grossen Napoleon Bonaparte. Über dem Bett ihres Sohnes lässt Hortense ein wandgrosses Bild dieses Vorbilds aufhängen. Sogar der Kinderstuhl des kleinen Louis-Napoléon ist mit einem gestickten, überdimensionierten Napoleon-Hut verziert. Auch schnuppert der Kleine schon bald Militärluft, als ihn seine Mutter nach Konstanz zu den Ehrenkadetten der badischen Garnison schickt. Die Massnahmen zeigen Wirkung: Bald begeistert sich der Knabe für alles Militärische und will Artillerist werden wie sein Vorbild, Onkel und Stiefgrossvater Napoleon Bonaparte.

Mutter und Sohn pendeln zwischen Augsburg und Arenenberg. Privatlehrer Abbé Bertrand unterrichtet Louis-Napoléon in Französisch, Latein und Arithmetik, während die Mutter ihm Zeichnen und Tanzen beibringt. Doch der Abbé ist ein schlechter Pädagoge, der den aufgeweckten Jungen unterfordert, wodurch dieser lustlos und faul wird. Als der Abbé eine Fabel erläutert, meint der kleine Schüler: «Ich würde mich auch gerne in einen kleinen Vogel verwandeln können. Dann würde ich davonfliegen, sobald der Unterricht mit Ihnen beginnt.»

Im Herbst 1819 stellt Hortense den 25-jährigen Philippe Le Bas als neuen Hauslehrer an, einen Freund Robespierres mit eisernen Prinzipien. Prinz Louis-Napoléon ist damals elf Jahre alt, weist aber die Kenntnisse eines Siebenjährigen auf. Le Bas entwirft deshalb einen übersichtlichen Tagesplan mit klaren Vorgaben von der Tagwacht um 6 Uhr bis zur Bettruhe um 21 Uhr. Spurt der Zögling nicht, setzt es Schläge ab. Dass der Kleine unter diesem Regime zum Nervenbündel wird, Alpträume hat, aus dem Schlaf aufschreckt und stundenlang wachliegt, beeindruckt den Hauslehrer keineswegs. Le Bas setzt auch durch, dass Louis-Napoléon während der regelmässigen Aufenthalte in Augsburg dort als externer Schüler das Gymnasium besucht; die Konkurrenz mit Gleichaltrigen soll den verkümmerten Ehrgeiz des Jungen wieder anstacheln.

Doch der Kontakt mit der Aussenwelt führt dazu, dass sich der junge Mann mehr und mehr aus der pädagogischen Umklammerung löst und seine ungestüme Seite auszuleben beginnt. Hortense ist das sehr recht, denn sie hält das gesellschaftliche Treiben ebenfalls für eine gute Lebensschule. Der Prinz vergnügt sich auf Jagden und Bällen, er rudert mit dem Boot weit auf den See hinaus, besucht das Theater, trifft sich mit Freunden und reitet ziellos durch die Gegend. In Konstanz wird er ertappt und bestraft, als er bei der hölzernen Rheinbrücke raucht. Der junge Mann ist bald so selbstständig und eigenwillig, dass Lehrer Le Bas 1827 die Erziehung seines Zöglings entnervt aufgibt und nach Frankreich zurückreist.

Louis-Napoléon ist mittlerweile 19 Jahre alt und erlebt seine turbulenten Jahre. Er ist zwar nur gerade 1.60 Meter gross, dennoch ist er sportlich und gut trainiert. Seine bescheidene Körpergrösse kompensiert er mit übertriebenem Wagemut: Er zeigt Kunststücke beim Reiten, ist ein geschickter Schlittschuhläufer, liebt Fechtkämpfe und Pistolenschiessen und durchschwimmt schon mal den Bodensee bis zur Insel Reichenau – zu einer Zeit, als sonst kaum jemand schwimmen kann. Auch reitet Louis-Napoléon auf seinem Araberhengst in halsbrecherischem Tempo von Arenenberg nach Konstanz, die rund zehn Kilometer legt er in 15 Minuten zurück, also in einem Tempo von vierzig Kilometern pro Stunde. Er will an der Zollstelle vorbeigaloppieren, als ihn die Zöllner aufhalten und ein Bussgeld von einem Kreuzer verlangen. Der junge Mann greift in seine Tasche und bezahlt das Doppelte: «Das ist gleich für die Rückreise!»

SCHÜRZENJÄGER UND HERZENSBRECHER

Zwischen Schaffhausen und Konstanz kennt der Prinz alle zwielichtigen Lokale. Keinen Fasnachtsball und kein Sommerfest lässt er aus. Ein badischer Freiherr berichtet in seinen Memoiren, dass sorgende Mütter damals ihre Töchter versteckten, sobald der Prinz in der Nähe auftauchte. Louis-Napoléon ist ein notorischer Schürzenjäger und Herzensbrecher, er verliebt sich fast so schnell, wie er reiten kann.

Der französische Prinz, der einwandfrei Thurgauer Dialekt spricht, geht mit Maria Anna Schiess aus Allensbach eine Liaison ein, einer Frau, die offenbar mit ihrem tizianroten Haar und dank ihres andalusischen Blutes eine Schönheit gewesen sein muss. Es dauert nicht lange, und Maria Anna ist von Louis-Napoléon schwanger. Den gemeinsamen Sohn nennt sie Bonaventur, was so viel heisst wie «schönes Abenteuer». Die junge Mutter bekommt höchstwahrscheinlich Unterhaltsgelder vom Prinzen, der sich ohne Anerkennung der Vaterschaft davonmacht. Zurück bleibt ein alter Kupferring, den Louis-Napoléon Maria Anna geschenkt haben soll und der bis heute von den Nachkommen Maria Annas und Bonaventurs aufbewahrt wird.

Die Geschichte des unehelichen Sohns des Prinzen verbreitet sich rasch. Noch Jahrzehnte später will man am Bodensee junge Männer mit Gesichtszügen von Louis-

Napoléon entdeckt haben, im Zeitalter vor den DNA-Tests machten solche Gerüchte schnell die Runde, gerade wenn es dabei auch um viel Geld ging.

Der Thurgauer Prinz ist tatsächlich vermögend, was Begehrlichkeiten weckt, und er wirft mit seinem reichlich vorhandenen Geld um sich, im Konstanzer Bordell an der Tulengasse soll er Stammgast gewesen sein. Als er einmal heftig mit Frau Schradin flirtet, der Gattin eines bekannten Seifenfabrikanten in Konstanz, wirft ihn der Hausherr kurzerhand aus dem Geschäft. Dafür ist er im Konstanzer Stadttheater hochwillkommen: Als er es betritt, applaudieren viele Gymnasiasten auf den Stehplätzen und skandieren lauthals seinen Namen – dass er sie dafür bezahlt hat, weiss damals kaum jemand.

Die zweite Leidenschaft des jungen Prinzen gilt neben den Frauen dem Militär. Louis-Napoléon stellt nach den amourösen Kapriolen ein Aufnahmegesuch bei der Offiziersschule in Thun. Dort begegnet er 1830 im Thuner «Freienhof» seinem militärischen Instruktor Guillaume Henri Dufour (1787–1875). Der spätere General der Eidgenossenschaft im Sonderbundskrieg ist zu diesem Zeitpunkt Kantonsingenieur in Genf, Grossrat, eidgenössischer Oberst, Tagsatzungsgesandter und Kartograf. Dufour war 1787 in Konstanz als Flüchtling zur Welt gekommen; nicht nur diese gemeinsame Vergangenheit dürfte die beiden verbunden haben.

Dufour charakterisiert Louis-Napoléon als einen «äusserst ehrgeizigen Dickkopf». Dennoch fügt sich der französische Prinz ins militärische Ausbildungslager ein wie jeder andere. Er lernt das Geniewesen und die Kriegskunst à la française, wie Dufour es in Frankreich erlernt hat und nun in Thun vermittelt. Louis-Napoléon nimmt als Freiwilliger an militärischen Übungen teil, schläft wie alle anderen im Stroh und friert, wie er in Briefen schildert, quasi demokratisch egalitär. Er ist mit jugendlichem Feuer bei der Sache, hilft seinen Kollegen, wo er kann, trägt die

Uniform der Pioniervolontäre und die Armbinde mit dem eidgenössischen Kreuz. Nur gerade eine kleine Kokarde in den französischen Landesfarben an der Mütze verweist auf seine Herkunft.

Mit seinem väterlichen Freund Dufour unternimmt der Prinz Streifzüge in die urwüchsige Natur des Berner Oberlandes. Einmal, nach einem schweisstreibenden Marsch, lässt sich Louis-Napoléon zur Abkühlung in einen eiskalten Bergbach fallen. Danach zieht er, ohne zu zögern, die nassen Kleider aus und breitet sie zum Trocknen auf einem sonnenwarmen Felsen aus; er selbst legt sich daneben ins Gras. Diese Vertrautheit mit Guillaume-Henri Dufour hält an.

Im Juli 1830 sitzen Dufour und Louis-Napoléon abends am Tisch, als ein Bote die Nachricht überbringt, dass der französische König Karl X. gestürzt worden und geflohen sei. Der temperamentvolle Louis-Napoléon ist aufgeregt wie nie zuvor und rennt gleich zum Schlaflager, um seine Habseligkeiten zu packen: Er will augenblicklich nach Frankreich reisen! Dufour fleht ihn an, Besonnenheit walten zu lassen und ein paar Tage abzuwarten.

Louis-Napoléon bleibt in der Folge tatsächlich in der Schweiz; in Paris kommt das Bürgertum an die Macht, und Louis-Philippe, der wie der Thurgauer Prinz eine Schweizer Vergangenheit hat (siehe Seite 38ff.), wird neuer König Frankreichs. Das passive Zuschauen aus der Ferne politisiert Louis-Napoléon. Anstatt das hedonistische Flohnerleben eines Dandys zu zelebrieren, informiert er sich, trifft geflohene Gesinnungsgenossen und schmiedet politische Pläne. Das Schloss Arenenberg im thurgauischen Salenstein ist seit dem Einzug von Hortense ein Zentrum für Leute aus Adel, Politik, Wirtschaft und Kultur – nur der nomadisierende Ex-König Schwedens, Gustav IV. Adolf, fehlt in der Liste ehemaliger Gäste; jetzt wird das Schloss in Salenstein zum internationalen Treffpunkt junger Revolutionäre.

Mit solchen Gesinnungsfreunden eilt Prinz Louis-Napoléon im Herbst 1830 nach Italien und gerät dort mitten in die revolutionären Wirren. Er schlägt sich auf die Seite der Verschwörer, die Rom vom päpstlichen Joch befreien wollen – er scheitert erstmals und kläglich mit einem Putschversuch. Louis-Napoléon flieht, verkleidet als Diener, über Genua und Paris nach London: Von dort gelangt er schliesslich wieder nach Arenenberg.

DIE UMSTÄNDE DES EHRENBÜRGERRECHTS

Zwei Jahre später – 1832 – will die Thurgauer Gemeinde Salenstein dem jungen Prinzen das Ehrenbürgerrecht verleihen, aufgrund der «vielfach zuteil gewordenen Wohltaten». Doch dazu ist das Bürgerrecht des Kantons Thurgau notwendig, welches Louis-Napoléon nur erhält, wenn er auf die französische Staatsbürgerschaft verzichtet – eine ähnliche Regelung kennen wir bereits von Basel, vom Einbürgerungsverfahren Gustav IV. Adolfs. Anders als beim Schwedenkönig kommt ein Verzicht für den jungen Franzosen nicht infrage. Daraufhin werden die Thurgauer kreativ: Anstelle des örtlichen Ehrenbürgerrechts weichen die Behörden auf ein kantonales Ehrenbürgerrecht aus und lassen eine prächtige Urkunde ausstellen. Dies ist das erste und einzige Ehrenbürgerrecht, das der Kanton Thurgau in seiner Geschichte je verliehen hat.

Im selben Jahr geschieht in der Ferne Epochales: Louis-Napoléons Cousin Napoleon II. stirbt in Wien unerwartet, im Alter von erst 21 Jahren. Dadurch rückt der frisch ernannte Thurgauer Ehrenbürger in der dynastischen Thronfolge nach vorn und ist nun erster Anwärter der Bonapartisten auf die französische Kaiserkrone.

Vorerst wirkt Louis-Napoléon allerdings weiterhin in der Schweiz. 1834 besucht ihn seine Cousine Mathilde Bonaparte. Er, der gerne mit Frauen schäkert, verliebt sich in die anmutige junge Frau und macht ihr schon bald

Das Schloss Arenenberg in Salenstein: Hier treffen sich Revolutionäre aus ganz Europa.

einen Heiratsantrag. Er kann sich mit ihr ein Leben im neu erworbenen Schloss Gottlieben direkt am See vorstellen. Doch sie lehnt lachend ab, worauf er sich frustriert in die Arbeit stürzt. Er verfasst politische und militärische Schriften, unter anderem das «Handbuch zum Gebrauch der Artillerie», ein 528 Seiten dickes Standardwerk der Waffentechnik. Regelmässig nimmt er an Militärübungen teil, sodass ihn der Kanton Bern zum Hauptmann seiner Artillerie ernennt.

Zusammen mit seinem militärischen Freund Dufour und mit dem Konstanzer Mechaniker Donatus Klein konstruiert er neuartige Kanonen, die sich mit einem Zug aus Stahl bewegen lassen. Um die Geschosse zu testen, stellt er die Kanonen bei sich im Arenenberg auf und ballert ohne Rücksicht über den Seerhein in Richtung Insel Reichenau. Pulverdampf, Kanonenschüsse und fliegende Geschosse sorgen dort in dieser nachrevolutionären Zeit für grosses Aufsehen – dabei sind es bloss harmlose Probeschüsse. Bei seiner Hingabe für das Schiesswesen verwundert es nicht, dass Louis-Napoléon mit Gleichgesinnten 1835 den Thurgauer Schützenverein in Ermatingen gründet: im «Adler», in einer seiner Stammkneipen. Seine Mutter stickt die Fahne, während er eine Jagdflinte als Ehrengabe stiftet. Zudem hilft er am ersten kantonalen Schützenfest tatkräftig mit und übernimmt später sogar das Präsidium des Schützenfests in Diessenhofen.

Die Schweiz ist seine Heimat, Frankreich sein Vaterland. Trotz seines lokalen Wirkens behält er die politische Lage in Frankreich im Auge. Mehr noch: Mit seinen politischen und militärischen Schriften positioniert er sich bewusst als ernstzunehmenden Staatsmann und Heerführer. Im Oktober 1836 glaubt der mittlerweile 28-jährige Louis-Napoléon, dass seine Zeit endlich gekommen ist: Er will in Strassburg die Garnison für einen Putsch gewinnen. Mit diesen Soldaten plant er, Paris zu erobern und den französischen Bürgerkönig Louis-Philippe zu stürzen.

Seine hitzige Art, die er in jungen Jahren im Thurgau an den Tag gelegt hatte, überträgt sich jetzt auf seine politischen Vorhaben.

Doch auch dieser Putschversuch misslingt – bereits nach drei Stunden. Der Thurgauer Prinz wird gefangen genommen. Aber König Louis-Philippe zeigt Milde und stimmt einer Begnadigung unter der Bedingung zu, dass der Gefangene nach Amerika ins Exil gehe. Der Bürgerkönig steckt dem Thurgauer Putschisten sogar noch ein sehr grosszügig bemessenes Reisegeld von 16 000 Franken zu, worauf Louis-Napoléon über den Atlantik nach New York schifft.

Nur gerade dreieinhalb Monate bleibt er dort, dann erreicht ihn die Meldung, dass seine Mutter Hortense sterbenskrank sei: Unverzüglich reist Louis-Napoléon in die Schweiz zurück. Am 4. August 1837 trifft der Prinz in Arenenberg ein, am 5. Oktober stirbt Hortense. Louis-Napoléon zeigt daraufhin keine Lust, sich wieder in sein überseeisches Exil zurückzuziehen. Stattdessen zieht er vom Arenenberg ins Schloss Gottlieben direkt am Seerhein um.

Paris verlangt von der Eidgenossenschaft die sofortige Ausweisung Louis-Napoléons, dieses staatsgefährdenden Putschisten. Die offizielle Schweiz ist sich uneinig: Soll man den Prinzen ausweisen und dem Druck Frankreichs nachgeben? Schliesslich entscheidet sich die Mehrheit der Tagsatzung dagegen und beruft sich dabei auf das thurgauische Ehrenbürgerrecht. Daraufhin zieht Frankreich Truppen an der Grenze zur Schweiz zusammen und bereitet eine Invasion vor. Auf der anderen Seite mobilisieren Genf und die Waadt ihre Milizen, und auch der Aargau bietet Truppen auf. Die Eidgenossen bestimmen einen General, zwischen Frankreich und der Eidgenossenschaft droht ein Krieg.

Diese handfeste Krise wird als «Napoleonhandel» oder «Prinzenhandel» in die Geschichtsbücher eingehen. Beide Bezeichnungen sind irreführend, denn ein Handel im eigentlichen Sinn ist es nicht. Wer kurz vor dem Ausbruch des Kriegs handelt, ist Louis-Napoléon selbst. Auf den Rat Dufours und weiterer Freunde entscheidet er sich nach langem Zögern, die Schweiz zu verlassen und damit die Kriegsgefahr zu entschärfen. Er verabschiedet sich in der Konstanzer Stammkneipe «Zum goldenen Adler» von seinen Zechkumpanen, bevor er im September 1838 ins Exil nach London geht. Louis-Napoléon ist jetzt dreissig Jahre alt. Er wird die Schweiz und den Arenenberg für mehr als ein Vierteljahrhundert verlassen.

DAS EHELICHE KIND UND DIE ANDEREN KINDER

Sein ungestümes Wesen, wie wir es aus seiner Jugend im Thurgau kennen, führt zu manchem Abenteuer im weiteren Leben von Louis-Napoléon. Hier nur so viel in Kürze: Ein erneuter Putschversuch scheitert 1840; Louis-Napoléon wird in der Folge zu lebenslanger Haft verurteilt und in der Festung Ham eingekerkert. Das hindert ihn nicht, seiner anderen Leidenschaft nachzugehen, nämlich der, den Frauen nachzustellen. Er hat ein Verhältnis mit der Wäscherin des Gefängnisses, mit Alexandrine Eleonore Vergeot, die ihm zwei uneheliche Söhne gebärt. Danach hat er eine Affäre mit Elisa Rachel Felix, einer der damals berühmtesten Schauspielerinnen Europas, die im Übrigen im schweizerischen Mumpf zur Welt gekommen war.

Derlei Beziehungen, seine unehelichen Kinder und sein aufwendiger Lebenswandel kosten viel Geld, weshalb Louis-Napoléon seine Thurgauer Schlösser verkauft – Schloss Gottlieben im Jahr 1842, Schloss Arenenberg im Jahr 1843. Er sagt sich damit von der Schweiz los. 1846 gelingt ihm, als Maurergeselle verkleidet, die Flucht aus dem Gefängnis nach England. Auch dort findet er wieder eine Frau, die mit ihm eine Beziehung eingeht: Elizabeth Howard ist eine sehr vermögende englische Lady, die dem mittellosen Asylanten ein Haus in der Berkeley Street in London mietet und mit ihm dort einzieht. Mit ihrem Geld finanziert Louis-Napoléon die aufwendigen Anstrengungen, sich zu rehabilitieren. Er startet eine regelrechte Werbeoffensive: Sein Konterfei lässt er in riesigen Auflagen drucken und an Kiosken und in Schaufenstern auslegen, Flugblätter werden verteilt, und er bezahlt sogar Bänkelsänger, damit diese das hohe Lied des neuen Napoleons singen.

Es funktioniert. Louis-Napoléon wird 1848 mit 75 Prozent der Stimmen zum ersten Präsidenten der Zweiten Republik gewählt. Seine Geldgeberin Howard zieht mit ihm nach Paris, ist weiterhin seine Geliebte und wohnt in der Nähe des Élysée-Palasts. Der Thurgauer Ehrenbürger trägt noch immer einen Funken Wildheit in sich und putscht 1851 abermals: Zum ersten Mal in seinem Leben hat er mit einem Staatsstreich Erfolg. Louis-Napoléon wird 1852 Kaiser von Frankreich und nennt sich jetzt Napoleon III. – Frankreich wird damit von einem französischen Kaiser mit Schweizer Migrationshintergrund regiert, der Thurgauer Dialekt spricht. Seine Geliebte Elizabeth Howard speist er mit dem Titel «Gräfin de Beauregard» und einem Schloss in La Celle-Saint-Cloud ab und heiratet kurz darauf Herzogin Eugénie de Montijo, die damit zur Kaiserin Frankreichs wird.

Verheiratet zu sein, hält den Kaiser keineswegs davon ab, aussereheliche Liebschaften zu pflegen. Ab 1855 verkehrt er mit Virginia Oldoini di Castiglioni, einer extravaganten Italienerin, die in den Pariser Salons im Ruf steht, den Kaiser auszuspionieren. Ein Jahr später kommt sein erster legitimer Sohn zur Welt, Napoléon Eugene Louis Bonaparte, in der Familie «Lulu» gerufen. Gleichzeitig gehen des Kaisers aussereheliche Kapriolen weiter. 1857 hat er eine Beziehung mit Marie-Anne Walewska. Besonders pikant ist dabei: Sie ist die Frau seines Aussenministers, der mit ihm indirekt verwandt ist. 1863 folgt mit Marguerite Bellange bereits die nächste Liebhaberin, die als Justine Le Boeuf als Schauspielerin und akrobatische Tänzerin auftritt und ihm den Sohn Charles Jules Auguste Francois Marie Le Boeuf gebärt. Schliesslich hat er auch mit Louise de Mercy-Argenteau eine Liebesbeziehung, einer Gräfin, die ihr Zusammensein sogar im Buch «The last Love of an Emperor» verewigt.

DER LETZTE BESUCH, EINE HEIMKEHR

1865 – der Kaiser ist mittlerweile 57 Jahre alt und führt Frankreich, das er sukzessive modernisiert, mit harter Hand. Oppositionelle weist er aus, lässt sie reihenweise verhaften oder versetzt sie in Strafkolonien. Von der Schweiz verlangt er die Ausweisung französischer Flüchtlinge; dabei scheint er zu vergessen, dass er selbst dereinst einer war. Sein Feind Victor Hugo bezeichnet ihn konsequent als «Napoléon le petit».

Doch Kritik, Häme und Politik lässt Napoleon III. hinter sich, als er mit seiner Frau in die Schweiz reist – notabene mit der Eisenbahn, die dann im 21. Jahrhundert nach ihm benannt werden wird. Um offizielle Empfänge zu vermeiden, ist der Kaiser in diesem August 1865 inkognito als «Graf von Pierrefonds» unterwegs. Die kleine Tour de Suisse beginnt in der Ostschweiz. Die *Thurgauer Zeitung* sendet einen Reporter zum Bahnhof in Konstanz, von wo dieser ungewöhnlich blumig von der Ankunft des Kaiserpaars berichtet: «Und richtig, da kam er, zwar etwas gebückten Hauptes, aber sehr gesund und frisch aussehend, wir möchten fast sagen blühend. Scharfen Auges und freien Blickes, den Stempel des Herrschers auf der Stirne tragend, steigt er in den Wagen, vor ihm die Kaiserin, eine schöne, jugendliche, wahrhaft kaiserliche Gestalt, lachend und scherzend, in einfacher, aber umso einnehmenderen Kleidung und ein Mündchen voller Porzellanzähne zeigend, um welche sie Eva im Paradies beneidet haben dürfte.» Der «blühende» Kaiser Frankreichs weilt dann vom 18. bis am 21. August im Schloss Arenenberg. Als er es vor

27 Jahren verlassen musste, hatte er beim Abschied gesagt: «Ich scheide mit Schmerzen von euch; wenn ich aber wieder komme, soll Freude walten.»

Das tut es! Bollerschüsse annoncieren den freudigen Besuch, der Salensteiner Männerchor bringt ein Ständchen dar, eilig errichtete Triumphbögen schmücken die Strassen, ein grosses Feuerwerk erhellt den Nachthimmel. Eine Spazierfahrt mit dem Dampfboot Arenenberg führt den hohen Gast nach Schaffhausen, wo er im «Kronenhof» absteigt und wo ihn ein Kadettenkorps empfängt. Napoleon III. freut sich, den Thurgau, «den Ort der glücklichen Jugendzeit», wiederzusehen, vor zehn Jahren hat er das Schoss Arenenberg zurückgekauft. Jetzt füllt er auf der Schlossterrasse die Kelche seiner Gäste eigenhändig mit Champagner. Volksnah schüttelt er die Hände des jubelnden Publikums, spricht mit den Gästen, verteilt Auszeichnungen, unter anderem an Donatus Klein, den Mechaniker aus Konstanz, der ihm dreissig Jahre zuvor bei der Entwicklung neuer Kanonen geholfen hatte. Die *Konstanzer Zeitung* schwingt sich angesichts des kaiserlichen Besuchs zu poetischen Höhen empor: «Wie ein unberechneter Komet kam er blitzeschnell mit Dampfesflügeln dahergefahren, einen Schweif von Hofleuten und Mouchards hinter sich herziehend, und ist, nachdem man sich kaum vom Erstaunen erholt hatte, ebenso geschwind wieder verschwunden, einen Goldregen über Arenenbergs Umgebung sprühend [...]» Tatsächlich hat der Kaiser fast «Gold regnen» lassen, indem er die drei Kirchgemeinden mit insgesamt 30000 Franken zugunsten der Armen in der Gegend beschenkt.

Weiter geht die Reise nach Einsiedeln, zu dem Kloster, das ihm und seiner Mutter einst Zuflucht geboten und wo er seine Erstkommunion empfangen hat. Der Kaiser beschenkt das Kloster mit einem vergoldeten Kronleuchter. Dessen Wert wird auf 40000 Franken und sein Gewicht auf immense 26 Zentner geschätzt. Via Luzern–Brünig gelangt Napoleon III. anschliessend ins Städtchen Thun, wo er einst seine militärische Ausbildung genossen hat. Dort besichtigt er das Übungsfeld der Offiziere auf der Allmend sowie die neue Kaserne. Die von Freuden erfüllte Reise endet allerdings tragisch: Als beim Bahnhof Neuenburg die Lokomotive pfeift, scheut ein Pferd des Kaisertrosses und brennt durch. Drei Gesellschaftsdamen von Eugénie erleiden Bein- und Armbrüche.

Viel arger kommt es fünf Jahre später für den Kaiser selbst: Napoleon III. verliert 1870 nicht nur den Deutsch-Französischen Krieg, sondern auch die Kaiserkrone. Sein Hab und Gut will er retten, indem er Kutschen, Pferde, Kleider und Wäsche in den Thurgau, seine alte Heimat, bringen lässt. Doch der abgesetzte Kaiser erkrankt ernsthaft, und seine Frau Eugénie reist mit ihm nach England ins Exil, wo er unglücklich ist und drei Jahre später stirbt.

Das Schloss Arenenberg bleibt nach dem Tode von Napoleon III. im Besitz der Ex-Kaiserin Frankreichs. Sie kommt noch ein paar Mal im Sommer dorthin und empfängt Fürsten und Baronessen, Könige und Prinzessinnen, Herzöge und Gräfinnen. 1906 vermacht die mittlerweile achtzigjährige Eugénie das Schloss dem Kanton Thurgau – mit der Auflage, darin das Vermächtnis von Napoleon III. sichtbar zu halten. Seither beherbergt es das Napoleonmuseum und verzeichnet jährlich rund 30000 Besucherinnen und Besucher.

Der mehr als zwei Tonnen schwere Kronleuchter hing jahrzehntelang in der Klosterkirche Einsiedeln, wo er stilistisch nicht richtig hinpasste. Deshalb gelangte er in die historistische Kirche St. Antonius in Rothenthurm. Dort erhellt er noch heute den Kirchenraum.

131 Jahre nach Napoleons Tod wird die Zugkomposition Thurbo der Regionalbahn nach ihm benannt, auch wenn sein Leben nicht immer ruhig und in gelenkten Bahnen verlief. Angesichts der Berg-und-Tal-Fahrten in seinem Leben wäre es vielleicht passender gewesen, Napoleon III. als Namensgeber einer Bergbahn zu wählen.

«Die Männer sind
nicht immer,
was sie scheinen,
allerdings selten
etwas Besseres.»

QUEEN VICTORIA

Victoria R.I.

Queen Victoria,
Königin von
Grossbritannien

DIE GEBROCHENE MAJESTÄT

WER
Queen Victoria. Geboren als Princess Alexandrina Victoria of Kent.

WANN
Geboren am 24. Mai 1809 in London, gestorben am 22. Januar 1901 in Osborne.

WAS
Sie war 63 Jahre Königin von Grossbritannien und Irland sowie von 1876 bis 1901 Kaiserin von Indien.

WIE
Während ihrer Regierungszeit erreicht das British Empire den Höhepunkt seiner politischen und ökonomischen Macht. Im persönlichen Umgang galt sie als aufrichtig, direkt, aber auch als taktlos.

BEZUG ZUR SCHWEIZ
Queen Victoria bereiste im August und September 1868 von Luzern aus die Schweiz.

Wie Queen Victoria ihr Burnout überwinden wollte. Und dazu von Luzern aus die Schweiz bereiste. Was sie dabei als Inkognito-Reisende alles erlebte. Welchen Intimus sie mit dabei hatte.

Was wurde nicht alles schon über sie geschrieben.

In Filmen gezeigt.

Recherchiert und erforscht.

63 Jahre war Victoria, Königin von England und Irland, im Amt, so lange wie keine Monarchin je zuvor – das ergibt Stoff zuhauf. Ihr Reich umfasste 1 Milliarde Menschen, sie hatte 9 Kinder, war in 229 Kriege und Aufstände verwickelt, überlebte 7 Attentate und 21 Kabinette, sie galt als «Grossmutter Europas», hatte 40 Enkel und 88 Urenkel, eine ganze Epoche wurde nach ihr benannt: das Viktorianische Zeitalter. Sie war die mächtigste Frau der Welt.

Und dennoch: Die Episode, von der hier zu erzählen ist, berichtet auch von einer gebrochenen Frau, einer verletzten, verunsicherten, menschenscheuen Königin. Es geht um ihre Reise in die Schweiz im Jahr 1868, die eine Art Flucht war vor der grossen Verantwortung und den unzähligen Pflichten, die eine Herrscherin über das British Empire zu erfüllen hat.

Queen Victoria befindet sich nach dem Tod ihrer Mutter und vor allem nach dem Tod ihres Gatten Prinz Albert in den 1860er-Jahren in einem tiefen seelischen Loch. Sie verharrt während Jahren in einem depressionsähnlichen Zustand, sie leidet – so würde man es heute wohl diagnostizieren – an einem akuten Burnout.

«I'll be good!», lautete ihr optimistisches Motto seit der Kindheit. Nun aber ist sie nur noch traurig, sie kleidet sich ausschliesslich in Schwarz, lässt für ihren verstorbenen Albert jeden Abend das Bett machen, jeden Morgen frische Kleider bereitlegen. Zudem meidet sie jede Öffentlichkeit. Das schadet dem Ansehen der englischen Krone massiv. Ausnahmen von ihrem Rückzug macht sie nur, wenn sie eines der vielen Denkmäler für Albert einweiht.

Die Königin scheint aus der öffentlichen Wahrnehmung verschwunden zu sein. Die Monarchie steht wegen der Eskapaden ihrer Vorgänger und der Mitglieder des englischen Hochadels auf wackligen Füssen, zudem erschüttern die Revolutionen von 1848 in Deutschland und Frankreich die Herrschaftshäuser. Angesichts solcher Umstände wirkt sich die Unsichtbarkeit von Queen Victoria besonders fatal aus.

Hinzu kommt, dass ihr die Herzen des Volks nicht einfach so zugeflogen waren. In ihren ersten Jahren als Königin agierte sie politisch unbedarft, war an kleinen Skandalen und Affären beteiligt und verlor rasch das Wohlwollen, das die britische Öffentlichkeit einer jungen Königin gegenüber grundsätzlich aufzubringen gewillt war. Sie zeigte sich arrogant und starrköpfig, herrisch und egozentrisch, sie bezeichnete sich selbst als «unzulänglich» und «überempfindlich», «reizbar» und «unbeherrscht» – keine guten Eigenschaften für das erfolgreiche und umsichtige Führen eines Königreichs, das strenge Formen, duldsames Ertragen aller Umstände und hohe Erwartungen voraussetzte.

Überhaupt waren die Bedingungen für eine gloriose Monarchie nicht sehr vorteilhaft: Victoria war die Tochter einer gescheiterten Existenz; ihr zwar adeliger, aber verarmter Vater starb, als sie acht Monate alt war. Ihre Mutter war eine Deutsche; bis zu ihrem dritten Lebensjahr sprach die kleine Victoria ausschliesslich deutsch, wurde von ihrer deutschen Mutter und einer deutschen Erzieherin gross gezogen, die beide einen wichtigen Einfluss auf die heranwachsende Frau ausübten. Man könnte also sagen, dass ihr das Dirndl näherlag als der englische Tweed, die Weisswurst mehr mundete als das Roastbeef. Zur Seite stand ihr als Vertrauter ausserdem ihr Leibarzt und Berater Christian von Stockmar, ebenfalls ein Deutscher. Wenig überraschend heiratete sie mit Albert, dem Prinzen von Sachsen-Coburg und Gotha, einen Deutschen, der überdies ihr Cousin ersten Grades war. Für sie war es eine Liebesheirat, was zu dieser Zeit in adeligen Kreisen die grosse Ausnahme war. Der deutsche Prinz aus dem bedeutungslosen Herzogtum Coburg galt als der britischen Queen nicht ebenbürtig. Darüber kursierten Spottverse, ebenso über die zunehmend rundlichen Körperformen Victorias. Es hiess, Albert habe die dicke Königin nur ihres noch dickeren Geldbeutels wegen gewählt.

Doch die beiden kümmerten sich nicht um den Spott und schienen sich gut zu verstehen. Albert litt zwar anfänglich darunter, dass er der «Mann, nicht aber der Herr im Hause» sei, wie er selbst sagte. Doch mit der Zeit entwickelte er sich neben der politisch wenig interessierten Queen zum heimlichen König, quasi zum Herrscher ohne Krone. Immerhin war die Königin innerhalb von 17 Jahren neun Mal schwanger und wurde neun Mal Mutter. Victoria fand ihre Babys ausgesprochen hässlich und nannte sie «froschartige Wesen». Sie sagte, sie wolle sie weder ansehen noch im Arm halten, ehe sie ein halbes Jahr alt seien. Sie hatte auch einen «unüberwindbaren Ekel» vor dem Stillen und verzichtete darauf, obwohl das Stillen zu jener Zeit auch in der Oberschicht gerade in Mode kam.

Aufgrund dieser Umstände kann man sich gut vorstellen, dass Victoria ihrem Mann Albert dankbar war, dass er sie im politischen Tagesgeschäft und bei der Organisation des Hofes entlastete. Damit er überhaupt Kompetenzen hatte, bekam er den Titel «Prince Consort» («Prinzgemahl»). Die Queen bilanzierte etwas ernüchtert: «Ich liebe Ruhe und Frieden, ich hasse Politik und Getümmel. Frauen sind nicht fürs Regieren geschaffen.» Dennoch machte Victoria wiederholt deutlich, dass trotz allem sie die Monarchin war und sich von ihrem Mann keine Rechte wegnehmen lassen wollte – Ehegatte hin oder her. Doch Albert, um einiges gebildeter als seine Frau, liess sich nicht abwimmeln. Das gab Streit.

DAS TRAUMPAAR WAR NICHT IMMER EIN TRAUM

Victoria und Albert inszenierten sich als das royale Traumpaar, das dank einer Liebesheirat zueinander gefunden hatte – das sich allerdings nicht immer traumhaft benahm: Victoria und Albert konnten sich streiten, dass die Fetzen flogen. Sie brüllten sich an, knallten die Türen zu oder schlossen sich im Zimmer ein. Albert schrieb Victoria hinterher pathetische Briefe mit untertänigen Entschuldigungen, aber auch mit Vorwürfen, und manchmal kommunizierte das Paar tagelang nur schriftlich. Victorias Wutausbrüche führten wiederholt zu Streit, und bald kam ein böser Verdacht auf: Hatte die Königin den Wahnsinn ihres Grossvaters George III. geerbt? Der Hofarzt riet, die Königin zu schonen und nicht zu reizen, da sonst Gefahr für ihren Geisteszustand drohe.

Ihr ältester Sohn, Thronerbe Edward, erwies sich bald als grosse Enttäuschung für die ehrgeizigen Eltern. Er schien Charakterzüge seiner Mutter geerbt zu haben, hatte Wutausbrüche, war undiszipliniert und wenig lernbereit. Ein Facharzt untersuchte die Beschaffenheit seines Gehirns und bescheinigte dem Prinzen ausgeprägten Starrsinn und mittelmässige Intelligenz. Albert mutmasste sogleich, dass der Prinz dieses «angelsächsische Gehirn» nur von der englischen Seite der Familie geerbt haben konnte und keinesfalls von seiner deutschen...

Spurten die Kinder nicht, zogen Victoria und Albert andere Saiten auf: Tochter Vicky wurde für ihr Fehlverhalten bestraft, indem man ihre Hände auf den Rücken band und sie mit einer Peitsche schlug. Sogar ihren Sohn Leopold, der an der Bluterkrankheit litt, verprügelte Victoria derart, dass ihre eigene Mutter dazwischenging. Prinz Albert nahm, ungewöhnlich für jene Zeit und Schicht, grossen Anteil am Leben seiner Kinder und tollte mit ihnen herum. Victoria hingegen schien nur wenig an ihren Söhnen und Töchtern interessiert zu sein – höchstens daran, sie zu ihrem und Alberts Ebenbild zu formen.

Der Schock war gross, als 1861 kurz nacheinander Victorias engste Vertraute starben: zuerst ihre Mutter, dann ihr Mann. Am Tod Alberts gab sie ihrem ältesten Sohn Edward die Schuld: «Bertie», wie man ihn in der Familie nannte, war ein verwöhnter Dandy mit einer Schwäche für das Glücksspiel, Sauftouren, Kettenrauchen, Ausschweifungen und Abenteuer mit jungen Schauspielerinnen. Prinzgemahl Albert, angeblich bereits von Typhus mitgenommen, reiste kurz vor seinem Tod 1861 zu Bertie nach Cambridge, um ihn wegen einer neuen, ruchbar gewordenen Affäre mit einer Schauspielerin zu rügen und zu ermahnen. Doch Albert kehrte von der Reise noch kränker zurück und starb kurz darauf. Victoria beschuldigte daraufhin ihren Sohn, er habe einen schlechten Charakter. Der Tod ihres geliebten Gatten warf sie komplett aus der Bahn, sie zog sich aus der Öffentlichkeit zurück, lebte kaum mehr im Buckingham Palace, sondern lieber in der schottischen Provinz von Balmoral. Und sie, der man zuvor durchaus Humor attestiert hatte, soll nachher kein einziges Mal mehr gelacht haben.

ALPENROSE WIRD 30 JAHRE AUFBEWAHRT

Victoria vergötterte alles, was mit Albert zu tun hatte, was einen fast grotesken Kult annahm. Albert hatte schon vor der Hochzeit von seiner früheren Reise in die Schweiz geschwärmt, also war auch für die Queen die Schweiz seit Langem ein Sehnsuchtsort. Eine getrocknete, gepresste Alpenrose, die er ihr einst aus der Schweiz geschickt hatte, bewahrte Victoria mehr als dreissig Jahre wie eine edle Kostbarkeit auf. Jetzt, da sie sich schwach und niedergeschlagen fühlte, sollte eine vierwöchige Reise in die Schweiz Gesundung und Erholung bringen. Doch zwischen der ersten Idee und der Realisierung der Reise lagen drei Jahre. Vor Ort trafen ihre Hofbediensteten, Offiziere, Botschaftsangestellte und Diplomaten, die alle zu Geheimhaltung verpflichtet waren, Abklärungen.

Jetzt, im August 1868, ist es endlich so weit. Die Reise in die Schweiz steht auf dem königlichen Programm. Die angeschlagene Gesundheit der Monarchin gilt als offizieller Grund für die Reise – gemessen an der sonstigen Heimlichtuerei über royale Krankheiten ist das englische Königshaus hier bemerkenswert offen.

Luftveränderung und Ruhe sollen der Queen guttun. Um die gesuchte Stille und Musse zu erreichen, reist Victoria unter falschem Namen. Sie nennt sich «Gräfin von Kent» und gibt damit zu verstehen, dass sie nicht als Königin begrüsst werden will und von fremden Regierungen keine Sonderbehandlung erwartet. Verschifft werden nebst Königin und Hofstaat drei Kutschen, ihr Bett, zwei Ponys, Küchengerätschaften und weitere Utensilien.

Am 5. August 1868 reist die Gesellschaft der «Gräfin von Kent» von Osborne in Richtung Kontinentaleuropa. Nach der Schifffahrt über den Kanal steigt sie in den eleganten Salonzug um, den der französische Kaiser Napoleon III. (wir kennen ihn als Prinz aus dem Thurgau, siehe Seite 97 ff.) für die Reise zur Verfügung gestellt hat – und mit

In der Pension Wallis auf dem Gütsch in Luzern logierte die englische Königin während fünf Wochen.

dem der Kaiser drei Jahre zuvor in die Schweiz gereist ist. In Paris trifft Victoria Eugénie, die Kaiserin Frankreichs, allerdings nur gerade mal für zehn Minuten.

Daraufhin folgt ein schwerwiegender Fauxpas. Victoria, schwächelnd und ausserdem von der Reise ermüdet, weigert sich, den Besuch der Kaiserin zu erwidern, wie es üblich wäre. Dies gilt als unhöflicher Akt, mehr noch: als diplomatischer Affront. Als dann Victoria später in Luzern die preussische Königinmutter Elisabeth trifft, gilt das nochmals als offenkundige Beleidigung der Franzosen, die mit den Preussen verfeindet sind. Daraufhin müssen die Diplomaten im Hintergrund die Umstände erklären und die Wogen glätten.

Davon merkt in der Schweiz niemand etwas. Neugierig versammelt sich beim Bahnhof Luzern eine grosse Menge Schaulustiger, welche die englische Königin begrüsst. Auch hier jubeln die Schweizer Demokraten der fremdländischen Monarchin freudig zu, wie schon bei Kaiser Joseph II. oder bei Kaiser Napoleon III. Die Luzerner Stadtpolizei muss die Zuschauerinnen und Zuschauer im Zaum halten, damit sie der Queen nicht zu nahe kommen.

Victoria hat für sich und ihre Begleitung die ganze Pension Wallis gemietet. Der Pensionsname hat nichts mit dem gleichnamigen Kanton zu tun, sondern bezieht sich auf den Besitzer mit dem Namen Robert Wallis (1815–1870), einen Engländer mit Schweizer Mutter. Mister Wallis ist Hotelier, Lithograf und eine eher zwielichtige Figur: Er ist als Waffenhändler zu Wohlstand gekommen und schon mehrmals verhaftet worden. 1866 hat er auf dem Aussichtspunkt Gütsch (als es dort noch kein Hotel gibt) das Pensionshaus «im englischen Schlossstyle» gebaut, wie es in einem zeitgenössischen Fremdenführer heisst. Obwohl die Einrichtung sehr neu ist, wendet Victorias erster Obersthofmeister eine erkleckliche Summe auf für zusätzliche Möbel, Teppiche, Bilder, Porzellan, Putzmittel und einen telegrafischen Apparat. Man will der erschöpften Queen den Aufenthalt möglichst angenehm machen.

Die Aussicht auf den Vierwaldstättersee und die Berge ist phänomenal und begeistert die Königin, die in ihr Tagebuch schreibt: «Die Aussicht von Haus aus & vor allem von meinem Wohnzimmerfenster aus, mit Blick über den See und davor die Stadt, umrandet von den prächtigsten Bergen & leuchtendem Grün im Vordergrund, ist ideal. Es war wirklich das, was ich erträumt hatte, von dem ich aber kaum glauben konnte, es jetzt in Wirklichkeit zu sehen!» Selbstverständlich denkt sie beim Anblick der idealen Landschaft an ihren verstorbenen Ehegatten Albert, der ihr von der Aussicht erzählt hatte und den sie gerne an ihrer Seite hätte.

In den folgenden Tagen und Wochen bereist sie, für eine angeschlagene Monarchin erstaunlich unternehmungslustig, die ganze Innerschweiz: Sie sieht sich die Tellskapelle an, steigt in Brunnen und Küssnacht an Land, reist auf die Rigi, zu den Mythen, nach Goldau, an den Zugersee, auf den Pilatus, zur Wallfahrtskirche Hergiswald, auf den Brünigpass und nach Engelberg. Das Dampfschiff Winkelried steht ihr während des ganzen Aufenthalts exklusiv zur Verfügung. Egal, wo sich die Reisenden befinden: Ihren typisch englischen Gewohnheiten entsprechend wird punkt 17 Uhr der Afternoon Tea serviert, auch unter grössten Strapazen für das Personal, das den Tee schon mal auf eine abgelegene Alpwiese tragen muss. Die Queen spaziert, reitet auf ihren Ponys, schreibt, ruht und isst. Sie nimmt sich immer wieder Zeit, um die Landschaft zu zeichnen und zu aquarellieren. Sie saugt die Landschaftsbilder gleichsam in sich auf. Viele Bilder von der Reise sind erhalten und zeigen eine geduldige, unaufgeregte Handschrift. Unbelastet von Regierungsgeschäften und höfischem Gezänk scheint sie sich tatsächlich zu erholen.

DIE KEGLER LASSEN SICH NICHT KAUFEN

Nur etwas stört die Königin: Sie ärgert sich über den Lärm der Kegelbahn neben der Pension Wallis. Mit der damals horrend hohen Summe von 2000 Franken will sie die Luzerner Kegler zum Verstummen bringen, was misslingt. Die Schweizer sind wohl noch starrköpfiger als sie selbst – oder die dafür berüchtigten Schotten. John Brown, ihr Lieblingsschotte, begleitet sie übrigens auf der Reise. Dieser Brown ist eigentlich ihr Stallknecht, er sorgt offiziell für die mitgeführten Ponys Sultan und Flora, darüber hinaus aber ist er ihr Vertrauter, er steht der Königin viel näher als alle anderen Hofbediensteten. Deshalb wird die Königin von der klatschhaften Öffentlichkeit schon mal «Mrs. Brown» genannt.

Haben sie ein Verhältnis miteinander?

Auf jeden Fall befeuert das Benehmen der beiden die Gerüchte. Brown war schon vor der Reise stets in der Nähe der Queen, sie verbrachten auch mal ein Wochenende zu zweit in einem schottischen Cottage. In einer Zeitung vermutet man, die Königin sei in die Schweiz gefahren, um ein Kind von Brown zur Welt zu bringen. Andernorts heisst es, Victoria halte mit Brown spiritistische Sitzungen ab, während denen dieser als Medium Kontakt mit dem verstorbenen Albert aufnähme.

Beweise gibt es weder in die eine noch in die andere Richtung. Doch als sich die Königin vom nicht standesgemässen Brown an eine Militärparade begleiten lassen wollte, konnte die Regierung den Eklat nur noch verhindern, indem sie gleich die ganze Parade absagte.

In den sonst sehr ausführlichen Tagebüchern der Queen kommt der schottische Stallknecht Brown übrigens mit keinem Wort vor. Das verwundert allerdings wenig, sind doch die Tagebücher von Beatrice, der jüngsten Tochter Victorias, «bereinigt» und passagenweise sogar neu verfasst worden; die Originalbände hat «Baby», wie Beatrice in der Familie genannt wurde, eigenhändig verbrannt.

Immerhin zeugen die Beschreibungen im Tagebuch, ob original oder nachgeschönt, von einem malerisch geübten Auge: «Der See, ein ganz wunderbares Saphirblau und Smaragdgrün, changiert von der einen Farbe zur anderen. [...] Es war prachtvoll & nichts kann die Schönheit des Sees in irgendeiner Richtung übertreffen.»

Aber die zunehmende Hitze in der Innerschweiz führt zur Ermüdung der übergewichtigen Monarchin. Wie schon zuvor in Grossbritannien ermattet sie auch hier. In der Tat ist es der heisseste Sommer seit Menschengedenken. Die Queen schreibt darüber: «Dieses Klima ist entsetzlich... so klamm & klebrig, wenn es nicht gerade kochend heiss ist & ich werde entsetzlich müde & habe ständig Kopfschmerzen & kaum Appetit.»

Kühle Bergluft tut not! Deshalb reist die Gesellschaft über den Vierwaldstättersee nach Flüelen, von dort durch das Urnerland bis ins Urserental hinauf, um auf den Furkapass zu gelangen, in die «kleine, elende Schenke, mit kleinen, ärmlichen & schlecht möblierten Räumen», wie die Königin kritisch festhält. Weil die Queen das ganze Furkahospiz gleich für drei Tage gemietet hat, werden andere Gäste abgewiesen. Das führt zu einer scharfzüngigen Fehde in der Zeitung *Der Bund*.

Victoria selbst erlebt auf dem Furkapass Nebel und mehr Kühle, als sie sich gewünscht hat. Sie friert. Es graupelt und schneit sogar ein bisschen. Plötzlich bricht wieder die Sonne hervor und bietet den Engländern ein gewaltiges Naturschauspiel. Vollends begeistert zeigt sich die Königin vom Rhonegletscher: «Man kann kaum glauben, dass er echt ist, denn er wirkt fast wie etwas Überirdisches!» Sie setzt sich hin und malt ein Aquarell der gezackten Eisbrocken. Selbstverständlich trinkt man auch hier den üblichen Nachmittagstee.

Das Reisen unter dem Decknamen «Gräfin von Kent» funktioniert gut. Mit ihrem Inkognito hält sie sich ungebetene Gäste vom Leib. Alle wissen, dass es sich bei der

Ausblick vom Gütsch aus Richtung Rigi: Aquarell von Königin Victoria, 3. September 1868.

Besucherin um die britische Königin handelt. Sie bestaunen sie zwar, lassen sie aber in Ruhe. Nur auf Rigi Kaltbad stehen 200 bis 300 Personen vor dem Hotel, als Victoria dort eintrifft, die Kapelle spielt «God save the Queen», und Salutschüsse durchbrechen die Stille der Berge.

Am 9. September reist die königliche Gesellschaft wieder aus der Schweiz ab, nicht aber, ohne gemeinnützige Vergabungen gemacht zu haben. Die anglikanische Kirchgemeinschaft Luzern bekommt 2000 Franken, die Rettungsanstalt Sonnenberg 1000 Franken, der Irrenfonds erhält 1000 Franken und die Pfarrämter 500 Franken für die Armen. Der Präsident der städtischen Polizeikommission erhält eine mit Brillanten besetzte Tabakdose geschenkt, der Polizeikommissär eine goldene Uhr und der Kapitän des Dampfschiffs sowie der Bahnhofvorsteher je einen Brillantring.

VICTORIA- UND ENGLÄNDERBOOM

Die Schweizer Reise hat der englischen Königin gutgetan. Zwar kehrt sie nicht wie neu geboren nach England zurück. Aber «die anhaltende Trostlosigkeit», von der sie selbst berichtet hatte, scheint nun vorbei, ihre schlimmste Trauerzeit hat sie dank der Reise in die Innerschweiz überstanden. An ihre Tochter schreibt sie: «Es tut mir leid, dass unser angenehmer, ruhiger Besuch in diesem prächtigen Land, der Schweiz, vorüber ist. Es war ein voller Erfolg, ohne einen einzigen Zwischenfall und ohne einen einzigen völlig schlechten Tag. Und dennoch bin ich froh, nach Hause zurückzukehren.» Bereits wenige Tage nach der Rückkehr nach London reist die englische Königin weiter nach Balmoral in Schottland, das sie immer wieder an die Schweiz erinnert. Aber ihre schwarzen Kleider, die wird sie ihr Leben lang nicht ablegen.

In der Schweiz selbst zeitigt der Besuch der englischen Königin ebenfalls zahlreiche Folgen. Die englischen Touristen strömen nach Victorias Reise noch zahlreicher ins Land als zuvor. Schon 1868, im Jahr der königlichen Visite, entsteht eine Pension Victoria mit Chalet in Luzern, 1870 folgt die Benennung des Victoriaplatzes (heute Pilatusstrasse 18–20) mit dem Hotel Victoria. Im gleichen Jahr läuft – ebenfalls in Luzern – das Dampfschiff Victoria vom Stapel. Mehr als zwanzig Hotels in der Schweiz tragen in der Folge den Namen Victoria. Obwohl sie unter falschem Namen in die Schweiz gereist war, wird ihr Vorname zum universell einsetzbaren Gütesiegel. Auch edle Gerichte tragen nach ihrer Reise Queen Victorias Namen, im Luzerner «Schweizerhof» wird zum Beispiel «Rheinsalm à la Victoria» serviert.

Was der Rhein und der Rheinlachs mit der englischen Monarchin zu tun haben, bleibt rätselhaft – aber das Menü fand bei den damaligen Gästen grossen Anklang.

«Rex legibus absolutus est – Der König ist frei vom Gesetz.»

LATEINISCHE REDEWENDUNG

Ludwig II.,
König von Bayern

DER RÄTSELHAFTE EXZENTRIKER

WER
Ludwig II., König von Bayern. Er hiess Ludwig Otto Friedrich Wilhelm von Wittelsbach.

WANN
Geboren am 25. August 1845 auf Schloss Nymphenburg, gestorben am 13. Juni 1886 im Starnberger See.

WAS
Nach dem Tod seines Vaters bestieg er im Alter von 18 Jahren den Thron. Kurz vor seinem ungeklärten Tod wurde er entmündigt.

WIE
Bekannt wurde er durch seine aussergewöhnlichen Leidenschaften, wie etwa seine Bausucht. Die Schlösser Neuschwanstein, Herrenchiemsee und Linderhof zeugen noch heute von Ludwigs Lust, zu repräsentieren und von seiner Verspieltheit. Er wurde auch Märchenkönig genannt.

BEZUG ZUR SCHWEIZ
Ludwig II. bewunderte die Schweiz und vor allem die Innerschweiz rund um den Vierwaldstättersee. Er besuchte diese Region 1865 und 1881.

Wie König Ludwig II. von Bayern Urner werden wollte. Wie er plante, das Rütli zu kaufen und dort ein Schloss zu bauen. Und was er sich von seinem Begleiter in der Innerschweizer Umgebung erhoffte. Bis zuletzt.

Soll man ihn einen Exzentriker nennen?

Einen Spinner?

Einen Traumtänzer?

Einen psychisch Kranken?

Alle diese Zuschreibungen wurden ihm zuteil. Und einige weitere, die nicht vorteilhafter waren.

Ludwig II. von Bayern war schon zu Lebzeiten eine höchst umstrittene Figur, und nach seinem Ableben wuchsen sich die vielen Anekdoten über den König zu noch verrückteren Geschichten aus. Passenderweise schrieb er über sich selbst: «Ein ewig Rätsel will ich bleiben mir und den anderen.»

Auch in der Schweiz hinterliess der Bayernkönig seine rätselhaften Spuren. Er reiste mehrfach in die Innerschweiz – bezeugt sind zwei Reisen: 1865 und 1881, beides waren absonderliche Visiten, was mit dem Wesen Ludwigs zusammenhängen mag.

Es ist der 27. Juni 1881, als König Ludwig II. in die Schweiz reist, ständesgemäss im eigenen Hofzug, mit zwei

Köchen, drei Kammerdienern und sechs mittleren Hofbeamten – nur gerade elf Gehilfen, was für den Bayernkönig unüblich wenig ist. Der Grund dafür liegt darin, dass er nicht zu grosses Aufsehen um seinen persönlichen Begleiter machen will, um Joseph Kainz. Dieser ist 23 Jahre alt, ein aufstrebender Schauspieler aus der ungarischen Provinz, ein Feuerkopf ohne höfische Manieren. Kainz freut sich mit einer Prise kindlicher Naivität auf die Schweizreise, auf die Berge und die Seen.

Doch Ludwig II. Otto Friedrich Wilhelm von Wittelsbach, König von Bayern, damals 41 Jahre alt, hat weitere Absichten. Ihm schwebt nach der berauschenden Freundschaft mit Komponist Richard Wagner, die zerbrochen ist, das romantisierende Ideal einer brüderlichen Liebesbeziehung vor.

Zwei Monate zuvor hat Ludwig den Schauspieler Kainz in der Rolle des Didiers in Victor Hugos «Marion Delorme» am Münchner Hoftheater gesehen.

Ihn für sich entdeckt.

Und sich gleich in ihn verliebt.

In diesen zarten jungen Mann mit dem flächigen, fotogenen Gesicht.

In diese tiefen Augen unter dem dunklen Lockenkopf.

In diese feine, fast brüchige Himmelsstimme, die sich im Nu in ein akustisches Feuerwerk verwandeln konnte.

In diese Zurückhaltung und Sanftheit, die Kainz' Art ausstrahlte.

Ludwig hatte seinem Begleiter schon vor der Reise unstandesgemäss das vertraute «Du» angeboten. Doch nannte er ihn nicht Joseph, sondern Didier, in Anlehnung an die Rolle, die Kainz damals in München gespielt hatte. Im Theaterstück geht der bürgerliche Tausendsassa Didier aller Standesunterschiede zum Trotz eine enge Männerfreundschaft mit dem adeligen Marquis de Saverny ein. Eine literarische Vorlage, mit der sich der König von Bayern bestens identifizieren konnte. Bezeichnenderweise sind die amtlichen Papiere für die Reise in die Schweiz auf die Namen «Marquis de Saverny» für Ludwig und «Josef Didier» für Kainz ausgestellt.

Der König kann Theaterfiktion und Wirklichkeit nicht auseinanderhalten. Er projiziert in den Schauspieler und dessen Rolle sein eigenes Begehren nach Männerfreundschaft, die er schliessen will, ebenfalls ungeachtet aller Hürden. Ludwig II. war vom Stück und natürlich auch vom Hauptdarsteller so begeistert, dass er Kainz hinter der Bühne gleich einen teuren Ring mit Brillanten und Saphiren schenkte. Das Hoftheater wies er an, zwei private Zusatzvorstellungen in den Spielplan einzuschieben und sogar eine geplante Aufführung der von ihm so verehrten «Meistersinger» abzusagen. Dass Ludwig private Vorstellungen buchte, an denen das ganze Theaterensemble nur für ihn spielte, war eine der vielen Merkwürdigkeiten seines Benehmens und lag darin begründet, dass der Bayernkönig eine Abscheu gegen Menschenmassen hatte.

Ludwig war nicht nur deshalb ein Rätsel. Für Zeitgenossen ebenso wie für das Publikum und später die Fachwelt.

Im Falle von Kainz schob sich Ludwigs Traumwelt wie eine Theaterkulisse vor die Wirklichkeit. Er überschüttete den jungen Mann geradezu mit Geschenken: Er gab ihm unter anderem einen goldbesetzten Becher und nannte ihn «Traumbecher», drei mit Diamanten verzierte Uhren und ein Zigarrenetui aus Elfenbein, in das kunstvoll eine Szene aus der Wagner-Oper «Parzifal» geschnitzt war.

Kurz: Ludwig war ein Träumer. Seine ganze Welt wurde mehr und mehr zu einer Art Privattheater, mit Protagonisten, Handlungen und Kulissen, die er, der Bayernkönig, selbst auswählte.

Vor diesem Hintergrund spielt sich 1881 Ludwigs Reise in die Schweiz ab. Er will an den Vierwaldstättersee, weil die Inszenierung von Schillers «Wilhelm Tell» im Münchner Hoftheater geplant ist. Ludwig will sich und vor allem Hauptdarsteller Kainz vor Ort vorbereiten und die originalen Schauplätze am Urnersee aufsuchen, um sich ins Theaterstück einzufühlen.

Die Figur des Tells begeisterte Ludwig schon in jungen Jahren: Als 15-Jähriger kaufte er von seinem knapp bemessenen Taschengeld eine Statuette von Wilhelm Tell. Drei Jahre später erstand er das Buch «Die Sage von Tell». Jetzt wandelt er also wieder auf Tells Spuren.

VORGETÄUSCHTE ANGST VOR DER DUNKELHEIT

Auf der Reise von München nach Luzern muss die Eisenbahn einige Tunnels passieren. Weil Ludwig angeblich panische Angst vor der Dunkelheit hat, verlangt er, dass der Zug nur im Schritttempo fährt. Dabei tastet Ludwigs Hand jeweils im Dunkeln nach dem Arm des jungen Freundes. Kainz ist durch die königlichen Berührungen verwirrt und interpretiert sie dahingehend, dass Ludwig sich vor Anarchisten ängstige, die bekanntermassen ein Attentat auf den König planen.

Das Ganze ist im Nachhinein wohl als königlicher Trick zu interpretieren: Denn erstens hatte Ludwig gar keine Angst im Dunkeln; er machte im Gegenteil die Nacht zum Tag, wie wir noch sehen werden. Und zweitens hätte ein schnelles Durchfahren des Tunnels die Dauer der Angst verkürzt. Es dürfte dem Monarchen wohl darum gegangen sein, seinem «Didier» näherzukommen.

Wovor sich Ludwig wirklich fürchtet, das sind Massenaufläufe. In Luzern kann eine grosse Menschenmenge seine Ankunft kaum erwarten – vielleicht haben dieselben Royalfans schon 13 Jahre zuvor der englischen Queen zugejubelt. Der Bayernkönig ist zu dieser Zeit bereits eine Attraktion des europäischen Adels, der immer wieder für eine schräge Überraschung gut ist, was seinen Bekanntheitsgrad weiter steigert und nochmals mehr Leute mobilisiert.

Nur – Ludwig hasst Ansammlungen von Menschen. Deshalb lässt er den Sonderzug vor Luzern in Ebikon anhalten, steigt dort in eine Kutsche um und lässt sich auf der Landstrasse nach Kastanienbaum fahren. Die Schaulustigen beim Bahnhof Luzern haben das Nachsehen. Auch der Kapitän des Dampfschiffs muss sich gedulden: Er ist für sieben Uhr bestellt, doch ihre Majestät trifft erst um zehn ein, wie Luzerner Journalisten penibel festhalten.

Mit dem Dampfschiff «Italia» fährt die kleine Reisegesellschaft dann endlich über den Vierwaldstättersee nach Brunnen. Ludwig hat sich von dieser Schiffsfahrt Privatheit und intime Zweisamkeit erhofft. Doch das Gegenteil tritt ein. Die Anwesenheit des Monarchen hat sich herumgesprochen, der Kapitän hat die Besatzung verdoppelt, die nun an der Reling in Galauniform Spalier steht, sodass jeder schon aus der Ferne auf die besondere Reisegruppe aufmerksam wird. Wo Ludwig und seine Begleiter in den nächsten Tagen hinkommen, versammeln sich Menschenmassen, die den König mit «Er lebe hoch»-Rufen empfangen, was diesen mehr ängstigt als erfreut.

Schliesslich trifft die königliche Reisegesellschaft oberhalb von Brunnen im Hotel Axenstein in Morschach ein. Ludwig nahm an, dass sie in einem «Schloss Axenstein» absteigen würden. Stattdessen landen sie im «Grandhotel», wo die internationale Sommerprominenz, die damals im Nobelhotel weilt und sich ein bisschen langweilt, dem Bayerntross von nun an auf Schritt und Tritt folgt.

Ludwig tobt.

In der Folge gelingt es den mitgereisten Hofbeamten, einen privaten Aufenthaltsort zu finden. Ludwig und sein Gefolge lassen sich in der Villa Gutenberg in Brunnen nieder, in der herrschaftlichen Liegenschaft des Verlagsbuchhändlers Adelrich Benziger. Die erhöht gelegene Villa ist zwar weniger pompös als ein Hotel oder gar ein Schloss, aber sie ist etwas abgelegen und ruhig. Zudem besticht sie mit ihrer prachtvollen Aussicht auf den Urnersee mit dem Urirotstock sowie auf das Buochser Seebecken und den Pilatus.

EIN SCHLOSS AUF DEM RÜTLI

Seit 1865, als Ludwig zum ersten Mal in Brunnen weilte, hat seine Begeisterung für die Schweiz nicht nachgelassen. Er verehrte die Eidgenossenschaft als das «Paradies der Länder, das Gott lieb hat wie den Apfel seines Auges», wie er aufschreibt. Kein Pathos war ihm zu peinlich, keine Schwülstigkeit zu viel, wenn es um die «Landschaft des Tell» ging, wie er die Innerschweiz nannte.

Das war schon damals ein merkwürdiger Widerspruch und ist es 1881 erst recht: Er, der Autokrat, der Alleinherrscher, der zeit seines Lebens mit der Demokratie und den Einmischungen des Volks in seine Regierungstätigkeit hadert, vergöttert die autonome Volksherrschaft am Vierwaldstättersee. In Bayern hasst er die Liberalen und deren Volksnähe; in der Eidgenossenschaft schwärmt er für die Hirtendemokratie. Besonders angetan hat Ludwig II. das angebliche Herz der direkten Demokratie, das Rütli, das für ihn eine Magie ausstrahlt. 1865 war er von der Geschichte mit dem Rütlischwur so begeistert gewesen, dass er das Rütli unbedingt kaufen wollte, um dort ein Schloss zu errichten.

Doch die Rütliwiese war seit 1858 Nationaleigentum der Schweizerischen Eidgenossenschaft und daher unverkäuflich. Wäre er zehn Jahre früher gekommen und der Kauf gelungen, stünde dort heute vielleicht eines seiner Märchenschlösser – Schloss Neuschwanstein am Urnersee, welche Sensation! Doch so befindet sich das Traumschloss am bayrischen Forggensee, wo es als Sehenswürdigkeit Nummer eins in Deutschland gilt und mehr als 1,5 Millionen Gäste pro Jahr anzieht.

Eine Vision hatte Ludwig auch für die Tellsplatte, deren märchenhafte Geschichte ihm ebenso gefiel wie die des Rütlis. Ihm schwebte der Bau einer riesenhaften Statue Wilhelm Tells vor. Diese plante er derart überdimensioniert, dass zwischen den Beinen Dampfschiffe hätten hindurchfahren können. Doch auch diese Idee zerschlug sich.

Immerhin wollte Ludwig sich an der Restaurierung der Gemälde in der Tellskapelle beteiligen. Zudem plante er, das Hotel Tell in Bürglen zu kaufen. Die Verhandlungen mit Wirt Franz Epp waren bereits weit gediehen, als das plötzlich trübe Herbstwetter den Monarchen aus der Schweiz vertrieb. Der Kauf platzte, aber wenigstens hatte Ludwig einige Landschaftsbilder des Urnerlandes im Gepäck, gemalt von Jost Anton Muheim.

FAST EIN URNER EHRENBÜRGER

Bei seinen Kontakten mit Urnern und Schwyzern erwähnte der Monarch nebenbei, dass ihm die Verleihung des Ehrenbürgerrechts «von Seite der Cantone Schwyz und Uri» sehr angenehm wäre. Napoleon III. aus Frankreich sei ja schliesslich auch Ehrenbürger des Kantons Thurgau (siehe Seite 97 ff.). Dass der französische Kaiser zur gleichen Zeit sein Schloss Arenenberg im Thurgau besuchte, als Ludwig II. die Innerschweiz bereiste, war wohl ein Zufall.

Im Fall des Bayernkönigs zauderte die Urner Regierung. Da reichten am 5. März 1866 zwölf Urner Privatpersonen eine Volksinitiative ein. Sie verlangten: Ludwig sei «in Anbetracht seiner wahrhaft edeln Gesinnung gegen die Urschweiz und seiner thatsächlich bewiesenen besondern Verehrung unsers Freiheitsbegründers Wilhelm Tell» das Ehrenbürgerrecht von Uri zu verleihen. Unterschrieben war das Gesuch unter anderem von den Bürgler Wirten Franz Epp vom «Tell» und Anton Lauener vom «Adler», vom Politiker Anton Müller und vom Landschaftsmaler Jost Anton Muheim, dessen Bilder der König gekauft hatte – die Initianten waren also allesamt Profiteure Ludwigs. Sie hofften darauf, dass der Bayernkönig, der bekanntermassen mit offener Geldschatulle herumreiste, als Ehrenbürger wiederkehrte und auch in Uri viel Geld liegen lasse.

Doch bevor die Landsgemeinde im Mai das Begehren behandeln konnte, schritt Bundesrat Jakob Dubs ein: Ausländer dürften nur ein Ehrenbürgerrecht erhalten, wenn sie auf ihr eigenes Bürgerrecht verzichteten – wir wissen es bereits vom Schwedenkönig Gustav IV. Adolf und von Napoleon III. Doch ein Bayernkönig, der auf das Bürgerrecht seines Landes verzichtete, war undenkbar, sodass die Urner das Volksbegehren nach der Berner Intervention zurückzogen.

Ludwig II. blieb der Innerschweiz dennoch verbunden. Mit dazu beigetragen hat eine weitere Episode aus der Innerschweiz, welche die Dienstbarkeit der Bevölkerung beweist. Nachts um drei Uhr klopfte ein berittener Bote an die Türen des «Weissen Rössli» in Brunnen. Die verschlafene Wirtin Nanette Fassbind öffnete und erfuhr, dass der Bayernkönig sofort köstlichen Kuchen wünsche, von dem er bereits ein Stück gegessen hatte. Die verschlafene Wirtin buk mitten in der Nacht tapfer den gewünschten Kuchen. Der König wusste es zu schätzen und sandte Nanette Fassbind später kostbares Porzellan aus der Nymphenburger Manufaktur, das in der Familie Fassbind bis heute in Ehren gehalten wird.

Kommen wir zurück zu Ludwigs Reise mit dem aufstrebenden Schauspieler Kainz im Jahr 1881. König Ludwig II. macht zu dieser Zeit die Nacht zum Tag. Das bedeutet, dass er abends um 18 Uhr aufsteht und zuerst warm badet. Danach frühstückt er und beginnt, seine Regierungsgeschäfte zu erledigen. Nachts zwischen ein und zwei Uhr pflegt er zu dinieren, wobei er als leidenschaftlicher Esser gerne acht bis neun Gänge vertilgt. Das Abendessen folgt zwischen sechs und sieben Uhr, bis er dann gegen acht Uhr in der Früh zu Bett geht. Sein Vorbild ist Ludwig XIV., der Sonnenkönig.

Dem bemerkenswerten Tagesablauf entsprechend soll Joseph Kainz rund um die Uhr zur Verfügung stehen, um ihm Verse theatral vorzutragen. Das Dampfschiff Waldstätter hat Ludwig eigens für sich gemietet, übrigens zum horrend hohen Preis von 600 Franken pro Tag, was einem heutigen Geldwert von rund 9000 Franken entspricht. Die «Waldstätter» muss jederzeit zum Abfahren bereit sein, also beheizen die Matrosen die Dampfkessel Tag und Nacht.

14 ALPHÖRNER AUF BEIDEN SEESEITEN

Mit Vorliebe nachts, bei Mondschein, lässt sich der Monarch über den glitzernden Vierwaldstättersee fahren, die Landschaft auf sich einwirkend, während Joseph Kainz aus Schillers Epos «Tell» rezitiert. Dazu lässt Ludwig 14 Alphornbläser an beiden Uferseiten des Urnersees aufspielen, was die international angereisten Kurgäste aus dem Schlaf reisst und ärgert. Dem wunderlichen König ist das egal – in dieser Szenerie wird für ihn alles eins: Natur, Technik, Musik, Dichtung und Theater. Die Berglandschaft und der See verbinden sich mit dem technischen Fortschritt in Form der Dampfmaschine; Schillers Dichtung verschmilzt mit den Alphornklängen und der Schauspielkunst von Joseph Kainz. Solche Erlebnisse berühren Ludwig II. tief, er fühlt sich als Kunstkönig, als Fürst der Schönheit, als Monarch der Poesie.

In den letzten Jahren hat er sich nach zwei Kriegen und der Einverleibung seines Landes Bayern ins Deutsche Reich mehr und mehr von der Politik verabschiedet und ins Private und in die Träumerei geflüchtet. Er war zum unnahbaren und menschenscheuen König geworden.

Aber inmitten dieser Alpenwelt öffnet er sich und spricht zum Beispiel ungezwungen mit dem Gärtner seines Gastgebers Adelrich Benziger, der ihm schmeichelt: Sollten die Schweizer jemals einen König erküren, dann müsste er so sein wie Ludwig! Auch mit Förster Michael Aschwanden, der Ludwig jeweils Sturmlaterne schwenkend beim Landesteg des Rütlis empfängt, sitzt Ludwig stundenlang auf einer einfachen Sitzbank und unterhält sich angeregt.

Sein Intimus Kainz soll, so der Wunsch des Königs, demnächst in München in Schillers «Tell» die Rolle des Arnold von Melchtal übernehmen. Um sich darauf vorzubereiten, schlägt Ludwig vor, müsse Kainz zu Fuss den Surenenpass bezwingen und danach von Engelberg über den Jochpass ins Melchtal wandern – wie es Arnold von Melchtal im Theaterstück tut. Kainz macht sich gehorsam mit einem Bergführer und ausreichend Moselwein, Champagner und Proviant auf, aber er kommt nicht weit. Die steilen Hänge hinter Attinghausen sind für den ungeübten Flachlandbewohner zu viel. Kainz kann nicht mehr, er bricht die Bergexpedition ab und reist per Schiff und Wagen zurück nach Stansstad. Ludwig hingegen wartet im Melchtal vergeblich auf die Ankunft Kainz' und ist bodenlos von ihm enttäuscht. Als Ludwig den Schauspieler nach dessen Rückkehr fragt, wie es auf dem Pass gewesen sei, antwortet dieser knapp, aber unhöfisch ehrlich: «Scheusslich!»

Ludwig hat – einmal mehr – Schauspiel und Realität miteinander verwechselt.

Am selben Abend fährt die Gesellschaft wieder zum Rütli, doch der völlig übermüdete Kainz schläft auf dem Dampfschiff ein. Ludwig deckt den jungen Mann mit seinem eigenen Mantel zu und steht lange und in Gedanken versunken vor dem schlafenden Jüngling, dessen Gesicht vom Mond beschienen wird. Als Kainz erwacht, meint Ludwig, wohl um andere Fantasien zu verscheuchen: «Sie haben aber geschnarcht.»

Nur wenig später kommt es zum Bruch zwischen den beiden. Wieder sind der König und der Schauspieler nachts zum Rütli gefahren, wo Kainz aus Schillers «Tell» die Szene mit Arnold von Melchtal deklamieren soll. Doch Kainz ist der königlichen Anwandlungen allmählich überdrüssig, setzt sich ins Gras und gesteht angesichts der nächtlichen Stunde, einfach zu müde zu sein. Der König ist sich solchen Ungehorsam eines Untertanen nicht gewohnt.

Das vielsagende Bild aus dem Fotoatelier in Luzern: Joseph Kainz steht, König Ludwig II. sitzt – Kainz' linker Arm wurde wegretuschiert.

Er bittet nochmals, fordert und befiehlt.

Doch Kainz bleibt sitzen.

Daraufhin steht Ludwig langsam auf. Es wird berichtet, er habe feuchte Augen gehabt und sei, ohne sich auch nur ein Mal umzudrehen, zur Landestelle hinabgeschritten und mit dem Dampfer nach Brunnen gefahren. Kainz dagegen gelangt erst morgens um vier Uhr mit einem kleinen Boot nach Brunnen. Als er am Nachmittag erwacht, hat der König die Villa Gutenberg bereits verlassen und ist nach Luzern abgereist.

DIE ZWEI VIELSAGENDEN FOTOGRAFIEN

Kainz reist hinterher, will sich mit seinem Monarchen aussprechen und sich bei ihm entschuldigen. Doch der lässt ihn mit einem knappen «Ist schon gut!» abblitzen.

Trotz dieses unschönen Vorfalls nimmt Ludwig den jungen Schauspieler mit zu einem Fotografen in Luzern. Dabei entstehen bemerkenswerte Aufnahmen. Ludwig trägt, obwohl es Juli und im Fotoatelier sehr warm ist, seinen langen Wintermantel. Damit will er, der sehr eitel und wirkungsbewusst ist, wahrscheinlich seinen etwas aus der Form geratenen Körper kaschieren. Die zwei überlieferten Fotografien widersprechen den höfischen Gepflogenheiten: Dass Ludwig II. auf dem ersten Bild steht und Kainz sitzt, ist ebenso unschicklich wie die umgekehrte Anordnung auf dem zweiten Bild. Dass Kainz seine Hand auf die Schulter des sitzenden Königs legt, ist sogar dermassen unangebracht, dass das Foto später retuschiert wird (siehe Bild links): Kainz' Arm radiert man aus, eine Massnahme, die im Zeitalter vor den Bildbearbeitungsprogrammen allerdings sichtbar bleibt.

Nicht ausradiert werden können die Verletzungen, welche die 17-tägige Schweizreise bei beiden hinterlässt. Nach dieser gemeinsamen Reise empfängt der König seinen einst so verehrten Joseph Kainz nie wieder. Auch auf der Bühne will er ihn nicht mehr sehen. Im November 1881 lässt Ludwig sogar eine Vorstellung absagen, nachdem er auf dem Programmzettel den Namen Joseph Kainz gelesen hat.

«Wie ein Traum», schrieb Ludwig, sei die Schweizreise gewesen, «ein Traum, gewoben aus freudigen und gegenteiligen Eindrücken.» Kainz dagegen beeilte sich zu betonen, dass er sich in der Gegenwart des Königs «auch nicht einen Augenblick» wohlgefühlt habe. Er wurde nach der Schweizreise zuerst in München, dann in Berlin Publikumsliebling in den Theatern. Ludwig II. starb fünf Jahre nach der Reise.

Der Bayernkönig blieb «ein ewig Rätsel».

«Unsere Träume
sind immer
schöner, wenn wir
sie nicht
verwirklichen.»

ELISABETH «SISI»

Elisabeth,
Kaiserin von
Österreich-Ungarn

DER KAISERLICHE KRIMI IN GENF

WER

Elisabeth, Kaiserin von Österreich-Ungarn. Mit vollem Namen hiess sie Elisabeth Amalie Eugenie, Herzogin von Bayern.

WANN

Geboren am 24. Dezember 1837 in München, ermordet am 10. September 1898 in Genf.

WAS

Im Alter von 16 Jahren heiratet sie ihren Cousin, den österreichischen Kaiser Franz Joseph, und wird zur höchsten Frau der Monarchie.

WIE

Kaiserin Elisabeth entzieht sich zusehends dem Hofleben in Wien und reist viel umher.

BEZUG ZUR SCHWEIZ

Elisabeth von Österreich-Ungarn besuchte die Schweiz mehrfach, unter anderem Zürich oder den Rheinfall. Vor allem die Region um den Genfersee hatte es ihr angetan, wobei sie meistens in Montreux und Territet abstieg. Von dort aus besuchte sie 1898 Genf, wo sie einem Attentat zum Opfer fiel.

Wie Kaiserin Elisabeth in Genf erstochen wurde. Was in den «Sissi»-Filmen nicht vorkommt. Wie die Schweiz der Kaiserin von Österreich huldigt. Und wie die exzentrische Monarchin bereits vor dem Attentat mit dem Tod flirtete.

Man hätte meinen können, die Kaiserin der Schweiz sei gestorben.

Tausende von Menschen säumen die Strassen in Genf, schon morgens um sieben Uhr. Fünf der sieben Schweizer Bundesräte besteigen im Hotel des Bergues ihre Kutschen. Flankiert werden sie von eidgenössischen Weibeln in rotweissen Talaren. Im Schritttempo rollen die Equipagen in Richtung Hotel Beau Rivage. Die Menschen beobachten schweigend das Schauspiel.

Beim «Beau Rivage» wartet bereits der Genfer Staatsrat. Die Bundes- und Kantonspolitiker betreten miteinander das Hotel, vor dem zwei Gendarmen die ganze Nacht Wache gestanden sind.

Wenige Minuten vor acht Uhr tragen schwarz livrierte Diener den Sarg die Hoteltreppe hinunter. Darin befinden sich die sterblichen Überreste von Elisabeth, der Kaiserin von Österreich und Königin von Ungarn, die mit vollem Namen Elisabeth Amalie Eugenie, Herzogin von Bayern, hiess und einfachheitshalber «Sisi», «Lisi» oder in den Filmen «Sissi» genannt wurde. Hinter dem Sarg folgen Grafen, Gräfinnen, Generäle und weitere Mitglieder des Hofstaats, die Gesichter der Damen sind hinter dichten Trauerschleiern kaum zu erkennen, in der feierlichen Stille hört man einzig das Schluchzen von Gräfin Sztáray, der Hofdame der Kaiserin.

Punkt acht Uhr beginnt die Clémence, die grosse Glocke der Kathedrale von Genf, zu läuten. Die Türen des Hotels gehen auf, die Träger schreiten mit dem Sarg auf die Strasse, wo die schwarze Kutsche bereitsteht. Sie ist geschmückt mit vier Laternen und einer Kuppel mit aufgestecktem Kreuz sowie mit wertvollen Stoffen. Die Diener schieben den Sarg sorgfältig auf den Wagen, bevor sie ihn mit einem schwarzen, silberbestickten Tuch bedecken. Vier Rappen ziehen die Leichenkutsche, die Tiere sind mit schwarzen Pleureusen und mit teuren, dicken, ebenfalls bestickten Decken geschmückt. Der Leichenzug wird von Feuerwehrleuten mit blitzenden Helmen eskortiert. Dahinter folgen zwei offene Trauergefährte, die über und über mit Kränzen und Blumen beladen sind.

Es sind Szenen wie aus einem üppig ausgestatteten Film. Wobei der Tod und die aussergewöhnlichen Umstände des Todes der Monarchin in den berühmtesten Filmen über Kaiserin Elisabeth keine Erwähnung fanden. Die süss-romantischen «Sissi»-Filme von Ernst Marischka mit Romy Schneider in der Hauptrolle lassen diesen Part ganz weg. Eigentlich erstaunlich, denn das Gebotene ist durchaus filmreif.

Die Strecke vom Hotel Beau Rivage zum Bahnhof Genf misst nur gerade 600 Meter, auch deshalb ist das Gedränge auf den Strassen so gross. Alle Einkaufsläden sind geschlossen. Hotels, Pensionen, öffentliche Gebäude und auch Privathäuser haben ihre Genfer und Schweizer Fahnen auf Halbmast gesetzt, sie sind mit Trauerflor geschmückt. Die Genfer Polizei kann die Menschenmenge unmöglich alleine lenken; deshalb stehen auch Samariter und Feuerwehrleute im Einsatz.

Nacheinander rollen zwanzig Kutschen vom Quai du Mont-Blanc über die Rue des Alpes bis zum Bahnhof. Hinter dem Leichenwagen und den blumenübersäten Trauerkaleschen fahren sechs Kutschen mit dem Hofstaat der Kaiserin. Dahinter folgt der Schweizer Bundesrat und, in gemessenem Abstand, der Genfer Staatsrat.

Es muss ein eindrücklicher Leichenzug gewesen sein, der an diesem Mittwoch, dem 14.September 1898, durch die ungewöhnliche Stille der morgendlichen Stadt rollt. Der Bahnhof Genf ist komplett abgeriegelt und stillgelegt. Dort, wo sonst Dampfzüge rumpeln und zischen, wo es vor lauter Menschen wimmelt, wo die Stadt um diese Zeit brodelt, herrscht jetzt nur andächtiges Schweigen. Dutzende Kränze liegen beim Bahnhofseingang, den man speziell für diesen Tag mit einem Stoffdach herausgeputzt hat.

Der Leichenwagen hält, ausgewählte Träger heben den Sarg aus der Kutsche und tragen ihn durch die Bahnhofshalle, die mit Flaggen der Schweiz und Österreichs geschmückt ist, zudem wurden Wappenschilder mit dem Österreichischen Adler angebracht. An der Stirnseite der Halle ist ein Wappen befestigt, das den Adler des Reichs zeigt und darunter den Buchstaben «E» in Silber. Der Sarg ist aus Eichenholz geschnitzt und mit einer silbernen Kaiserkrone geschmückt. Zwei Abbés nehmen ihn in Empfang, schieben ihn sorgfältig in den Eisenbahnwaggon – in einen erhöhten, mit schwarzen Vorhängen drapierten Raum, um den ein schwarzer, vergitterter Gang läuft – und sprechen den letzten Segen. Durch die Wagenfenster kann man den Sarg nun sehen. Er steht auf einem erhöhten Podest und ist mit Riemen befestigt. Daraufhin nimmt der Hofstaat in einem der Begleitwaggons Platz. Ohne Pfiff und fast gespenstisch leise setzt sich der Zug mit der Leiche der Kaiserin in Bewegung, die Kirchenglocken läuten. Die grosse Menge von Zaungästen bleibt in stiller Trauer zurück; die Frauen tragen schwarze Kleider und die Männer ihre Hüte in der Hand. Sisis letzte Fahrt durch die Schweiz beginnt.

Am 14. September 1898 in Genf: Zu Ehren von Kaiserin Elisabeth zieht ein riesiger Trauerzug in Richtung Bahnhof.

EXZENTRISCHE HAUPTFIGUR DES KRIMIS

Damit finden für die Region am Genfersee aufregende Tage ihren Abschluss. Die Stadt hat einen veritablen Kriminalfilm mit sehr prominenter Besetzung erlebt. Kaiserin Elisabeth war am 30. August in Territet bei Montreux eingetroffen. Sie mag die Gegend um den Genfersee sehr und ist seit 1893 immer wieder hier zu Gast – wie mehr als hundert Jahre vor ihr Kaiser Joseph II., ein Verwandter ihres Mannes. Schon zu ihrer Zeit ist Sisi ein Mythos, etwas überspannt und überzeichnet, wie die Figur in einem spannenden Krimi.

Unsere Kaiserin ist exzentrisch: Sie ist sechzig Jahre alt, galt einst als die schönste Frau Europas, lässt sich nun aber seit fast dreissig Jahren nicht mehr porträtieren. Sie ist mindestens so eitel wie ihr Cousin Ludwig II. von Bayern (siehe Seite 139). Ihr Gesicht versteckt sie ständig hinter eleganten Fächern oder unter Sonnenschirmen, die Kleider, die sie trägt, sind seit dem tragischen Selbstmord ihres Sohnes Rudolf ausschliesslich schwarz. Sie macht sich rar, meidet die Öffentlichkeit wie ihren Mann, Kaiser Franz Joseph, und das Leben am Hof in Wien ist ihr ein Graus – die kaiserliche Hofburg nennt sie bezeichnenderweise «Kerkerburg».

Unsere Protagonistin ist ständig unterwegs, auf der Flucht vor sich und der höfischen Welt. Im Sommer pflegt sie zur Kur zu gehen, die Winter verbringt sie auf Korfu, dazwischen reist sie in die Schweiz, wie jetzt, Ende August 1898. Seit Jahren leidet sie für ihre Schönheit. In jüngeren Jahren war sie eine Sportfanatikerin: Ihre Figur versuchte sie mit Hungern, Reiten und stundenlangen Gewaltmärschen zu halten, bei denen auch junge Hofdamen entkräftet aufgaben. Ihr Gewicht liess die Kaiserin drei Mal täglich messen, sie liess sich vom Korsett einschnüren, bis sie kaum mehr atmen konnte, ihr Mittagessen bestand oft nur aus gesalzenem Eiweiss. Ausserdem liess sie sich eigene

Fitnessräume in den kaiserlichen Palästen einrichten, um in Form zu bleiben und zu trainieren – heute würde man ihr vermutlich eine Magersucht diagnostizieren. Sie, mit fünfzig Kilogramm Körpergewicht eindeutig untergewichtig, machte das Schlanksein zur Mode an den europäischen Königshöfen. Sie war mit ihrer Figur das Gegenbeispiel zu Queen Victoria von England. Über Nacht legte Sisi sich rohes Kalbfleisch aufs Gesicht, um die Jugend ihrer Haut zu erhalten.

Doch allen Bemühungen um Schönheit und Fitness zum Trotz: Immer wieder verfolgen sie depressive Phasen. Ihre Lieblingstochter stirbt mit zwei Jahren, ihr Lieblingscousin Ludwig II. von Bayern ertrinkt im Alter von vierzig Jahren, ihr Lieblingssohn erschiesst sich mit dreissig Jahren. Von ihrem Mann Franz Joseph hat sie sich schon lange entfremdet, sie versucht sogar, ihn mit einer Schauspielerin des Wiener Burgtheaters zu verkuppeln. Sie fühlt sich unverstanden und unglücklich. In ihr Tagebuch notiert sie:

«Die Seele gab es nie,
die mich verstand.»

Ihr Leben ist in eine merkwürdige Melancholie getaucht, die sie mit dem Verfassen schwermütiger Gedichte verstärkt, in denen sie sich nach dem Jenseits sehnt. Zum Beispiel in diesem:

«Du bist so jung gestorben
Und gingst so rein zur Ruh'.
Ach wär' mit dir gestorben,
Im Himmel ich wie du.»

Vielleicht sind diese kummervollen Gefühle der Grund, weshalb sie keine besonderen Sicherheitsmassnahmen wünscht: Sie lässt den Genfer Behörden mitteilen, dass sie auf polizeiliche Personenbewachung verzichte.

Am 9. September reist Kaiserin Elisabeth mit dem Dampfschiff über den See nach Genf. Sie will dort Bekannte der Bankiersfamilie Rothschild treffen und steigt für zwei Tage im Hotel Beau Rivage direkt am See ab. Um kein Aufsehen zu erregen, verwendet sie den bewährten Decknamen «Herzogin von Hohenembs». Doch eine Lokalzeitung enttarnt die Kaiserin und macht den Besuch der europäischen Hochprominenz öffentlich.

DER KRÄFTIGE SCHLAG DES BÖSEWICHTS

Der Kriminalfall nähert sich seinem Höhepunkt. Am 10. September, um ungefähr 13.30 Uhr, begibt sich die Kaiserin in Begleitung ihrer Hofdame Irma Sztáray zum Schiffsteg, um mit dem Dampfschiff Genève zurück nach Montreux zu fahren. Als die beiden Damen auf der Seepromenade des Quai du Mont-Blanc dem Schiff zustreben, nähert sich ihnen ein kleiner, leicht untersetzter Mann mit abgetragener Kleidung und verbeultem Hut – natürlich handelt es sich um den Bösewicht. Eigentlich hatte dieser Prinz Henri Philippe von Orléans im Visier, den Urenkel von Frankreichs Bürgerkönig Louis-Philippe (siehe Seite 37ff.). Doch er verlor dessen Spur, erfährt daraufhin aus der Zeitung vom Besuch der Kaiserin und wartet deshalb seit Stunden vor dem Hotel, bis sie auftaucht. Nun sieht er also die Monarchin, tritt auf sie zu, versetzt ihr einen kräftigen Schlag auf die Brust und sucht sofort das Weite. Die Kaiserin ist verwirrt und stürzt kurz zu Boden. Nach ein paar Schrecksekunden richtet sie sich wieder auf und geht weiter in Richtung Schiffsteg.

Sie tauscht sich mit ihrer Hofdame aus: Sie verspüre Schmerzen in der Brust, wahrscheinlich sei der Verbrecher auf ihre Uhr aus gewesen. Kaiserin Elisabeth ist durch die ständigen Diäten, einschnürende Korsette und durch das Stechen eines Tattoos einiges an körperlichem Schmerz gewohnt, sie beisst die Zähne zusammen und erreicht das Dampfschiff. Aber kurze Zeit nach der Abfahrt des Schiffs bricht die Kaiserin auf dem Oberdeck – hier würde die Filmkamera eindrückliche Nahaufnahmen zeigen – ohnmächtig zusammen. Hofdame Irma beugt sich über sie, fächelt ihr Luft zu und öffnet ihr Bluse und Mieder. Da entdeckt sie Blut, das aus einer winzigen Stichwunde oberhalb der linken Brust tropft – hier würde der Kriminalfilm eindrückliche Nahaufnahmen zeigen.

Der sofort benachrichtigte Kapitän wendet das Dampfschiff umgehend und legt wieder in Genf an. Aus Stühlen, Ruderblättern und Segeltuch improvisiert die Schiffsmannschaft eine Bahre, auf der sie die Kaiserin zurück ins Hotel Beau Rivage trägt. Elisabeth stirbt im Beisein von Ärzten und eines Pfarrers eine halbe Stunde später, nämlich um 14.40 Uhr. Bei der Obduktion stellen die Ärzte eine 85 Millimeter tiefe, dreieckige Stichwunde fest, die der Mörder ihr mit einer langen, spitzigen, dreieckigen Feile zugefügt hat. So unscheinbar die Waffe auch gewesen sein mag, sie richtete schwere Verletzungen an: Der Attentäter hat damit die vierte Rippe verletzt, den linken Lungenflügel durchdrungen, den Herzbeutel zerstört und die linke Herzkammer durchstossen.

Wäre dies ein Kriminalfilm, würde der Fokus nun auf die Ermittlungsbehörden gelenkt. Die Polizisten würden sich über die Kaiserin ärgern, die jeglichen Begleitschutz abgelehnt hatte. Aber die Ermittler haben Glück: Schon kurz nach dem Attentat kann die Genfer Polizei den Mörder verhaften. Es handelt sich um den italienischen Anarchisten und Kommunisten Luigi Luccheni.

Für diesen ist das Attentat der Höhepunkt eines unglücklichen Lebens: Unehelich geboren, in grosser Armut bei Pflegeeltern und in Heimen aufgewachsen, schlägt er sich als Tagelöhner durch. Nach seiner Festnahme zeigt er sich gut gelaunt und soll gesagt haben: «Ich habe sie gut getroffen, sie muss tot sein.» Im Verhör nennt er als Motiv: «Weil ich Anarchist bin, weil ich arm bin, weil ich die Arbeiter liebe und mir den Tod der Reichen wünsche.» Dass Komplizen am Attentat beteiligt waren, bestreitet er vehement, doch die Untersuchungsbehörden glauben ihm nicht.

Die Nachricht der Ermordung der Kaiserin von Österreich verbreitet sich rasch. Die Bestürzung ist gross, auch deshalb, weil zuvor schon der russische Zar Alexander II. und der französische Staatspräsident Sadi Carnot Attentaten von Anarchisten zum Opfer gefallen sind. Sonderausgaben von Zeitungen erscheinen mit Trauerrand, Kondolenztelegramme aus aller Welt treffen ein. Auch der Schweizer Bundesrat spricht Sisis Ehemann Kaiser Franz Joseph «seinen tiefsten Schmerz und seine tiefste Entrüstung» über die «unselige Tat auf schweizerischem Gebiet» aus.

Dabei dürfte auch ein bisschen schlechtes Gewissen mitschwingen: Die Schweiz gilt als liberal gegenüber politischen Aktivisten und ist zu jener Zeit sogar als Anarchistennest verrufen. Gerade jetzt, nach dem eindeutig politisch motivierten Attentat, schreiben ausländische Zeitungen kritisch über die liberale bis legere Schweizer Haltung.

NOCHMALS 10 000 TRAUERGÄSTE

Der pompös inszenierte Eisenbahnzug mit Sisis Leiche fährt von Genf nach Lausanne, wo er um zehn Uhr eintrifft. Etwa 10 000 Menschen warten vor dem Bahnhof, 35 Polizisten stehen Spalier. Fünf Minuten steht der Zug still, die Glocken der Lausanner Kirchen läuten, niemand steigt aus, niemand steigt ein, dann fährt der Zug weiter. Ein ähnliches Bild zeigt sich in Fribourg, Bern, Aarau, Baden und Zürich. Die Glocken naher Kirchen läuten, Behördendelegationen stehen Spalier und entbieten ihre Hochachtung. Die Szenerie des kaiserlichen Leichenzugs, der mit vielen Stopps durch die basisdemokratische Schweiz tuckert, ist reichlich bizarr.

Weil die Verstaatlichung der Eisenbahn in der Schweiz damals zwar beschlossen, aber noch nicht vollzogen ist, fahren die entsprechenden Privatbahndirektoren persönlich mit: Von Genf bis Fribourg beispielsweise Ernest Ruchonnet, Direktor der Jura-Simplon-Bahn, ab Aarau Philipp Birchmeier von der Schweizerischen Nordostbahn. Die Aargauer Regierung erinnert sich an die österreichischen Wurzeln in ihrem Kanton und lässt die Fahnen auf der Ruine des Schlosses Habsburg ebenfalls auf Halbmast setzen. In Baden ist zufälligerweise die Armeespitze zugegen: Korps- und Divisionskommandanten stehen mit ihren Stabsoffizieren am Bahnhof und erweisen militärische Ehren. Auch in Zürich hat sich beim Hauptbahnhof eine grosse Menschenmenge versammelt, darunter viele Exilösterreicher. Der Zug trifft um 16.16 Uhr ein und fährt bereits um 16.30 Uhr wieder Richtung Wien weiter, wie enttäuschte Reporter penibel berichten. Doch die 14 Minuten in Zürich reichen, um Kränze niederzulegen. Auf einem steht: «Ihrer geliebten, unvergesslichen Kaiserin».

Während der Zug durch die Schweiz fährt und Massen bewegt, sitzt der Attentäter Luigi Luccheni in seiner Zelle im Untersuchungsgefängnis St. Antoine in Genf und schreibt einen Brief an den Schweizer Bundespräsidenten Eugène Ruffy. Darin bittet Luccheni um eine Verlegung, weil er auf seine Enthauptung hofft. Der Kanton Genf hat die Todesstrafe abgeschafft, im Gegensatz zum Kanton Luzern, nach dessen Gesetzen er deshalb verurteilt werden möchte. «Ich bitte Eure Exzellenz, nicht etwa anzunehmen, dass mein Gesuch nicht ernst gemeint sei. Im Gegenteil!». Unterschrieben ist der Brief mit «Ihr Ihnen verbundener Luigi Luccheni, Anarchist – und einer der gefährlichsten».

Der Attentäter ist stolz auf seine Tat, triumphierend strahlt er in die Kameras der Fotografen und nennt sich «Wohltäter der Menschheit». Er erhält sogar Fanpost wie diese: «Alle, die für das Wohl der Menschheit kämpfen, bewundern Deine noble Tat. Diese Frau war durch ihre Geburt schon verbrecherisch. Sie hat niemals gearbeitet! Sie wollte nie arbeiten! Sie hat immer herrschen wollen. Sie ist schändlich, ebenso wie ihr schändlicher Mann.» Ein anderer Anhänger schreibt: «Der freigebige Stich, den Du der Repräsentantin der österreichischen Bourgeoisie versetzt hast, hat mir grossen Eindruck gemacht. Natürlich hat er für uns alle in der Schweiz schlimme Repressalien zur Folge gehabt.»

Tatsächlich weisen die Genfer Behörden noch am Tag des Attentats Anarchisten aus. Die Schweizer Behörden verbieten daraufhin die Anarchistenzeitung *L'Agigatore,* die in Neuchâtel erscheint, und schieben 35 bekannte italienische Anarchisten ab.

GROSSE AUFREGUNG BEIM BAHNHOFSVORSTAND

Die letzte Station von Sisis Leichenzug ist der Bahnhof Buchs im oberen Rheintal. Hier, am Knotenpunkt von Schweizer Rheintalbahn und österreichischer Arlbergbahn, sorgt der Zug schon vor seiner Ankunft um 22 Uhr für grosse Aufregung. Der Bahnhofsvorstand weiss von nichts und unterhält sich lebhaft mit dem Leiter des Schweizer Zollamts. Soeben ist ein Telegramm aus Bern mit bundesrätlicher Unterschrift eingetroffen: «Wir bitten Sie, den Extrazug gänzlich unbehelligt durchzulassen. Schweizerisches Politisches Departement.» Seltsam, dass sich der Bundesrat um einen einzelnen Zug kümmert. Solche Demarchen erhält er nicht alle Tage. Während sich der Bahnhofsvorstand Übersicht verschaffen will, wird ihm gemeldet, dass ein echter Fürst und das rumänische Königspaar dem Zug vor der Weiterfahrt die Ehre erweisen wollen.

Über eine Stunde bleibt der Zug mit den vielen Kränzen auf dem Galeriewagen hinter der Lokomotive stehen. Irgendwann muss es dem Bahnhofsvorstand gedämmert haben, dass der Zug etwas mit dem publizitätswirksamen Attentat auf die österreichische Kaiserin zu tun haben könnte. Die adeligen Besucher erweisen sich als Fürst Alain Benjamin Arthur de Rohan (1853–1914) und König Karl I. von Rumänien (1839–1914) mit seiner Gattin Elisabeth zu Wied (1843–1916), die alle in Bad Ragaz zur Kur sind und die zwanzig Kilometer zurücklegten, um ihrer blaublütigen Kollegin und Verwandten die letzte Ehre zu erweisen.

Obwohl mittlerweile dunkle Nacht ist, läuten nach der Abfahrt in Buchs im benachbarten Fürstentum Liechtenstein alle Glocken. Was dann wenig später an Prunk und Inszenierung in Österreich abgeht, übersteigt die Fantasie von Drehbuchautoren und Filmemachern. Der britische Schriftsteller Mark Twain erlebt es, weil er sich gerade in Österreich aufhält: «Nicht einmal der Mord an Julius Caesar vermochte die Welt so sehr zu erschüttern wie der an Elisabeth.» Und den Täter situiert er «am untersten Ende der menschlichen Stufenleiter, ohne Gaben, ohne Talent, ohne Bildung, ohne Moral, ohne Charakter, ohne jede innere Anmut».

Zwölf Jahre hält dieser talentlose und moralfreie Luigi Luccheni im Genfer Gefängnis durch. Dann erhängt er sich am 19. Oktober 1910 mit einem Gürtel in seiner Zelle. Die Enthauptung, auf die er 1898 so sehr gehofft hatte, findet doch noch statt: Der Genfer Professor Louis Mégevand trennt den Kopf vom Körper und sägt Lucchenis Schädeldecke auf, um nach abnormen Gehirnwindungen zu forschen. Zu seiner Enttäuschung findet er nichts Auffälliges. Während der Körper des Mörders auf dem Gefängnisareal beerdigt wird, kommt dessen wieder zusammengenähtes Haupt in die pathologisch-anatomische Sammlung des Gerichtsmedizinischen Instituts der Universität Genf. Während Jahrzehnten liegt der Kopf des Attentäters als eingelegtes Präparat dort aufrecht in Formaldehyd.

Erst 1985 wird der Glasbehälter nach Wien gebracht, weil er für die «österreichische Geschichtsschreibung interessant» sei, allerdings mit der Auflage, dass die makabre Reliquie nicht öffentlich ausgestellt werden darf. Endlich findet im Februar 2000 das bizarre Hin und Her ein Ende: Der Schädel Lucchenis wird in aller Stille auf dem Wiener Zentralfriedhof beigesetzt; übrigens genau acht Kilometer von der Kaisergruft entfernt, wo sich der Sarkophag der Kaiserin befindet.

«Auch die Fische
der Königin
haben Gräte.»

ITALIENISCHES
SPRICHWORT

Wilhelmina,
Königin
der Niederlande

DIE WERBEBOT-SCHAFTERIN DER SCHWEIZ

WER
Königin Wilhelmina der Niederlande. Geboren als Prinzessin Wilhelmina Helena Paulina Maria von Oranien-Nassau.

WANN
Geboren am 31. August 1880 in Den Haag, gestorben am 28. November 1962 in Apeldoorn in den Niederlanden.

WAS
Sie war von 1898 bis 1948 während fünfzig Jahren Königin der Niederlande.

WIE
Königin Wilhelmina regierte während zwei Weltkriegen und dankte freiwillig zugunsten ihrer Tochter Juliana ab.

BEZUG ZUR SCHWEIZ
Wilhelmina reiste mehr als ein Dutzend Mal ferienhalber in die Schweiz. Hier die (unvollständige) Liste: 1892 Gersau. 1893 Chur, Flims. 1894 Vulpera. 1896 Spiez. 1898 Zugerberg. 1918 St. Moritz, Zermatt. 1919 Zermatt. 1925 Bern, Glarus, Elm. 1926 Faulensee. 1928 St. Moritz. 1929 Basel, Bern, Genf, Brig. 1934/35 Unterwasser. 1936 Gstaad. 1938 Luzern, Lenzerheide. 1939 Faulensee.

Warum Königin Wilhelmina der Niederlande immer wieder die Schweiz besuchte. Welche Verwechslungen sie dabei erlebte. Wie sich ihr Mann Prinz Hendrik in der Schweiz austobte. Und welche Folgen ihre Besuche zeitigten – bis heute.

Als der heutige König der Niederlande, Willem-Alexander, im Jahr 2002 seine Maxima heiratete, verbrachten die frisch Vermählten die ersten Tage der Hochzeitsreise nicht irgendwo in ihrem Königreich – sondern im verschneiten St. Moritz.

Damit erwiesen die Oranier der Schweiz ihre Referenz und der König setzte das fort, was seine Urgrossmutter Königin Wilhelmina in bemerkenswerter Regelmässigkeit zu tun pflegte: das Reisen in die Schweiz. Denn die Königin war zu Gast gewesen in Basel, Brig, Elm, Flims, Genf, Gersau, Luzern, Sierre, Spiez, St. Moritz, Unterwasser, Vulpera, Weissenburg, Zermatt und Zug. Die Liste ist wahrscheinlich nicht einmal vollständig. Meistens blieben die niederländischen Royals gleich für mehrere Wochen in einer Schweizer Destination.

Die ersten Ferien in der Schweiz hatten einen traurigen Grund: Wilhelmina schwächelte im Kindsalter oft, denn sie hatte schon als Mädchen eine schwere Last zu tragen. Bereits im Alter von zehn Jahren wurde sie Königin, nachdem ihr Vater König Wilhelm II. verstorben war – «Koninginnentje» nannte man sie, was mit «kleine Königin» zu übersetzen ist. Ihre Mutter Emma von Waldeck und zu Pyrmont übernahm die Regentschaft, bis Wilhelmina 18 und damit volljährig war. Doch die kleine Königin war häufig krank, vielleicht, weil sie sich wie in einen Käfig gesperrt fühlte, wie sie später selbst schrieb. Deshalb empfohlen ihr die Ärzte mehrmals längere Kuren an der gesunden Schweizer Bergluft.

Für einen solchen Aufenthalt kommen Wilhelmina, ihre Mutter Emma und ihr Gefolge im April 1892 für einen Monat nach Gersau an den Vierwaldstättersee ins Hotel Müller. Sie belegen die erste und zweite Etage des grossen Hauses. An der Hotelfassade sind rotweisse Flaggen angebracht. Vor dem Eingang begrüsst ein Triumphbogen aus Tannengrün, Papierrosen und niederländischen Flaggen, zudem hat das Hotel einen roten Teppich ausgerollt.

Ganz Gersau ist auf den Beinen, um Königin Wilhelmina mit ihrer Mutter Emma zu empfangen. Doch die königliche Gesellschaft kommt in den Augen der Gersauer Bevölkerung enttäuschend gewöhnlich daher und fährt in der alltäglichen Kutsche des Hotels vor. In Gersau hatte man nämlich gehört, dass die erste Frau von Wilhelminas Vater, Königin Sophie der Niederlande, vor 39 Jahren mit sechzig (!) Pferden nach Luzern gekommen sei. Dementsprechend sind die Gersauer ernüchtert. Der lokale Schriftsteller Josef Maria Camenzind lässt den einheimischen «Föhneberg-Zächi» in einer Erzählung sagen: «Ich war wahrhaft ein Lappi. Jetzt bin ich extra vom Berg herabgestiegen, um einmal eine lebendige Königin zu sehen, und jetzt ist diese Königin ein Gof wie jedes andere Gof und sieht aus wie jedes andere Gof auch. Oh, ich einfältiger Esel.»

Zwar keinen Esel, doch ein kleines Pony bringt die Königin mit, die 1892 erst elfeinhalb Jahre alt ist. Und die über ein Weltreich herrscht, das von der windigen Niederlande bis hin zum Indischen Ozean und nach Mittelamerika reicht, von Eisschollen bis zu Kokospalmen, von Tulpenfeldern bis zu Zuckerrohrplantagen.

Königin Wilhelmina reitet auf ihrem Pony durch das Dorf Gersau, beäugt von gleichaltrigen Kindern sowie staunenden Erwachsenen und begleitet von einem schmuck uniformierten Lakaien, der die Zügel hält und nebenhergeht, vom Dorfpolizisten und vom «königlichen Hofmeister».

Wilhelmina macht in Gersau jedoch nicht nur Ferien und Ausflüge; sie hat auch eigene Lehrer mitgebracht, die sie täglich in Französisch, Deutsch und Englisch unterrichten. Zu ihrer eigenen und der Gersauer Kinder Freude darf sie auch mal einfach Kind sein, sie spielt Puppe und Ball mit den Dorfmädchen Heidi und Marieli, sie kriecht auf allen Vieren die steile Büelplangg hoch, füttert die Hühner, darf beim Melken zusehen und trinkt mit grosser Selbstverständlichkeit kuhwarme Milch aus einem Bauernkrüglein.

Abends ist der hohe Gast nicht mehr das spielende Kind, sondern wieder Königin. Ihr zu Ehren singt der Jodelclub Edelweiss aus Luzern im Saal des Hotels, dazu spielt ein Alphornbläser.

Nach vier Wochen reisen die Niederländerinnen wieder ab; sie spenden dem Armenhaus in Gersau 400 Franken und stecken dem Dorfpolizisten für seine treue Begleitung 100 Franken zu. Über Jahrzehnte bleibt im Hotel Müller das «Königinnenzimmer» und im Dorf die Erinnerung an den Besuch der Königin erhalten.

MIT ARVENHOLZ AUSGEKLEIDETES ZIMMER

Im darauffolgenden Jahr steht schon die nächste Reise in die Schweiz an: Wilhelmina steigt für sechs Wochen im «Waldhaus» in Flims ab. Sie wohnt aber nicht im Hotel selbst, sondern in der dazugehörigen «Villa Silvana». Für den königlichen Besuch lassen die Hoteliers ein Zimmer speziell mit Arvenholz auskleiden, sie ziehen Wände ein und kaufen neue Möbel. Die kostspieligen Aufwendungen zahlen sich aus. Denn in der Folge kommen viele vermögende Niederländer nach Flims, sodass die Hoteliers sogar den Hotelprospekt ins Niederländische übersetzen lassen.

Damit bewahrheitet sich auch hier eine touristische Grundregel: Wo die Royals absteigen, folgen während Jahren und sogar Jahrzehnten deren Landsleute. Das war so bei Queen Victoria nach ihrer Reise in die Innerschweiz (siehe Seite 123ff.); das funktioniert jetzt auch bei Königin Wilhelmina, die mit ihren langen Aufenthalten in der Schweiz zur inoffiziellen Botschafterin für Reisen in die Schweiz wird. Hätte es damals «Schweiz Tourismus» schon gegeben, hätte man die Königin als Werbebotschafterin engagieren können.

Denn auch im nächsten Jahr – wir schreiben 1894 – zieht es die Blaublüter der Niederlande in die Schweizer Berge. Unterwegs kommt es zu einem seltenen Treffen: Gleich vier Monarchinnen begegnen sich auf Schloss Neuwied im Bundesland Rheinland-Pfalz – die Königinnen von Schweden und Rumänien sowie Wilhelmina und ihre Mutter Emma. Nach dem höflichen Austausch von Freundlichkeiten reisen die Niederländerinnen weiter in Richtung Unterengadin. In Davos Platz jubeln den Reisenden rund sechzig Niederländer enthusiastisch zu. Schliesslich gelangen die Frauen nach Vulpera, wo sie vom 2. Juni bis zum 11. Juli mit ihrem Hofstaat im «Waldhaus» wohnen, das man für den hohen Besuch extra elektrifiziert und mit einer neuen Trinkwasserleitung ausgestattet hatte. Wilhelmina, Emma und ihre «zehn Kavaliere und Damen sowie zahlreiche Dienerschaft», wie die *Neue Zürcher Zeitung* schreibt, sind in einem separat stehenden Chalet untergebracht. Nach der Abreise der noblen Gäste wird dieses in «Villa Wilhelmina» umbenannt werden. Den Namen trägt es ehrenhalber noch heute.

Eine Woche lang regnet und schneit es sogar (im Juni!), danach wird das Wetter besser. Es gefällt der Reisegesellschaft in den Bergen so gut, dass sie ihren Aufenthalt spontan um zehn Tage verlängert. Die kleine Wilhelmina darf baden, Pony reiten und wird täglich von einem mitgereisten Lehrer unterrichtet.

Die darauffolgende Schweizer Reise führt die niederländische Königsfamilie mit Wilhelmina ins Berner Oberland. Ein Extrazug bringt die Gesellschaft nach Spiez, die Oranier steigen im damals bekannten und noblen Hotel Faulenseebad ab: Neben dem Hauptgebäude mit hundert Zimmern stehen den Gästen im Grandhotel am Thunersee zwei Dependancen zur Verfügung. Das Etablissement wirbt mit Konversationssalons, Billardsaal, Lese- und Musiksalon, geräumiger Veranda, draussen befinden sich Spazierwege, Plätze für «Lawn-Tennis» und «Croquet». Die junge Königin darf diesmal eine Freundin mitnehmen, ebenfalls eine Blaublütige: Es ist Baronesse Irmgard Thecla van Hardenbroek, die neun Jahre älter ist als Wilhelmina. Sie machen Ausflüge nach Grindelwald, nach Lauterbrunnen, zum Blausee und auf das Niederhorn. Wilhelmina gefällt es sehr in der Schweizer Natur. Einmal rennt sie übermütig durch hohes Gras. Daraufhin ist der Bauer ausser sich, weil das Kind seine Wiese kurz vor dem Mähen platt getreten hat! Als der Landwirt eine königlich grosszügige Entschädigung bekommt, ist alles wieder im Lot.

DIE MALEDIVEN DES 19. JAHRHUNDERTS

Die nächste Schweizer Reise führt die niederländische Königsfamilie auf den Zugerberg. Wilhelmina und ihre Entourage reisen unter dem Pseudonym «Grafen von Buren», damit die Behörden ihnen keinen offiziellen Empfang bereiten müssen. Dennoch erwartet die noblen Gäste am Bahnhof Zug eine grosse Menschenmenge. Das lokale

Das Hotel Waldhaus in Vulpera beherbergte die niederländischen Blaublüter: unten rechts ist das Chalet Wilhelmina zu erkennen.

Die erste Destination der niederländischen Königin: das Hotel Müller in Gersau am Vierwaldstättersee auf dem unteren Bild.

Auch am Thunersee stieg Königin Wilhelmina ab, nämlich im Tourismusort Faulenseebad (Bild oben).

Die niederländische Königsfamilie logierte auf dem Zugerberg: im Grandhotel Schönfels (links im unteren Bild).

Das Hotel Sternen in Unterwasser: Nach der Abreise der Königin kamen viele Niederländer ins Toggenburg.

In Brig war Wilhelmina Gast im Hotel Couronne et Poste: dem damals vornehmsten Haus des Ortes (Bild unten).

Zuger Volksblatt berichtet über die Ankunft um 15.41 Uhr: «Die zugerische Bevölkerung, die zum weitgrössten Teile noch niemals königliche oder kaiserliche Majestäten von Aug zu Auge gesehen hat, erwartet mit grosser Spannung den Einzug der hohen Herrschaften.» Und weiter: «Das strenge Inkognito hielt unser zugerisches Publikum auch nicht ab, die Herrschaften freundlich zu grüssen und diese letzteren erwiderten die Grüsse in leutseliger Weise.»

Nach der Ankunft der niederländischen Königsfamilie am Bahnhof Zug zieht eine weltliche Prozession auf den Zugerberg: geführt von einem Polizisten zu Pferd, dann folgen die drei Kutschen mit den illustren Gästen, zuhinterst nochmals zwei berittene Polizisten. Doch die Kutscher unterschätzen die steile Fahrstrasse und müssen alle 200 Meter anhalten. Bei einem solchen Stopp steigt eine junge Frau aus der Kutsche und lässt sich von einem einheimischen Knaben die Sicht auf Eiger, Mönch und Jungfrau zeigen. Der Knabe stellt sich der jungen Frau auf ihre Nachfrage hin als «Chrischte-Sebi» vor, was diese zum Lachen bringt: «Sebi» sei doch kein Name!

Darauf streckt der junge Zuger ihr sein Schulheft entgegen, auf dem «Josef Christen» steht.

«Warum sprichst Du nicht so, wie Du schreibst?», will die Frau wissen.

«Mier tüend halt nur derewäg schriibe, wämmer i de Schuel sind.» Aber wie sie denn heisse?

«Wilhelmina.»

Sebi, dem sofort klar ist, die Königin höchstpersönlich vor sich zu haben, erschrickt. Eine Königin hat er sich so ganz anders vorgestellt: mit Krone, mit höfischem Gehabe und viel älter als diese junge Frau, die mit ihm spricht.

Als Sebis Vater sieht, wie mühsam der Tross den Berg hochkriecht, holt er zwei Ochsen aus seinem Stall. Diese bindet er vor die Kutschen – und schon kommt der königliche Transport schneller voran. Die Leute auf dem Zugerberg schmunzeln, als sie die merkwürdige Karawane mit

Ochsen, Pferden, königlichen Kutschen und berittenen Polizisten sehen.

Die niederländische Königin bricht während ihres Aufenthalts auf dem Zugerberg mit den an sie gestellten Erwartungen. Nach einem Besuch der Höllgrotten, den Tropfsteinhöhlen im tiefen Lorzentobel, lässt die junge Monarchin die Kutschen stehen und läuft zu Fuss den Zugerberg hinauf; die 500 Höhenmeter und die neun Kilometer überwindet sie spielend. Die Zuger Bevölkerung nimmt das mit grosser Bewunderung zur Kenntnis. «Manches unserer jungen Frauenzimmer könnte sich an dieser königlichen Fusstour ein Beispiel nehmen», heisst es in der Zeitung.

Der Zugerberg ist zu dieser Zeit eine beliebte Kurdestination. Königin Wilhelmina bleibt vier Wochen hier: Vom 10. Mai bis am 6. Juni 1898 logiert sie im Hotel Schönfels auf dem Zugerberg und mietet gleich 43 Zimmer für sich und ihre Entourage.

Der Hausberg der Zugerinnen und Zuger mit seinen beiden Hotels Schönfels und Felsenegg ist zu jener Zeit der Kurort der internationalen Haut volée und des Adels. Hier erholen sich, wie in der ganzen Schweizer Bergwelt, die Reichen und Schönen Europas, sie kuren, baden, machen Ausflüge, spielen, spazieren und flirten. Die Schweiz ist Ende des 19. Jahrhunderts in etwa das, was die Malediven heute sind: ein Hotspot des gehobenen Tourismus.

Weitere Ausflüge führen Wilhelmina zum Kloster Menzingen, nach Göschenen und auf die Rigi, die «Königin der Berge». Bemerkenswert ist ein weiterer Abstecher. Ebenfalls auf dem Zugerberg hat Adelheid Page-Schwerzmann (1853–1925) damals einen Feriensitz, und zwar im südlich gelegenen Horbach. Adelheid ist die Gattin von George Ham Page, dem Milchbaron und Generaldirektor des Weltkonzerns «Anglo-Swiss Condensed Milk Company». Zu dieser Zeit wohnt Adelheid Page gerade in Paris, wo sie Malunterricht beim berühmten Künstler Edgar Degas nimmt.

Als sie vom Aufenthalt der noblen Gäste auf dem Zugerberg hört, reist sie aus Paris an und lässt mehrere Ochsenkarren voller Lebensmittel anliefern, um einen standesgemässen Empfang ausrichten zu können. Sie hofft sehr, dass die Bauern der Umgebung die royalen Gäste freundlich begrüssen. Denn ihr selbst waren diese nicht immer wohlgesinnt. Ein Mal schüttete ihr ein Bauer einen ganzen Korb voll schwarze Zuger Kirschen über den Kopf, als sie auf dem Weg zum Ferienhaus war.

Der Besuch von Wilhelmina bei Adelheid Page verläuft in Minne. Die Frauen werden über die Malerei gesprochen haben, die auch die niederländische Königin mag und selbst ausübt, aber wahrscheinlich auch über ihre gemeinnützigen Tätigkeiten und sicher über die bald bevorstehende Inthronisation von Wilhelmina in Den Haag. Die junge Königin verfasst die Investiturrede dazu selbst, wozu sie vielleicht die selbstbewusste Adelheid ermuntert hat.

Als die adlige Gesellschaft nach vier Wochen abreist, hat sie sich mit ihrer ungekünstelten Art Bewunderung verschafft. Oder, wie es heute heissen mag: Sie hat die Herzen erobert.

DER PRINZ, EIN SCHLICHTER CHARAKTER

Wilhelmina, die junge, hübsche, reiche und einflussreiche Königin, ist mittlerweile fast 18 Jahre alt und in den adeligen Kreisen ganz Europas als «gute Partie» begehrt. Aufgrund des Burenkriegs in Südafrika kommt kein Engländer als Ehemann infrage. Die Königin entscheidet sich für einen deutschen Adligen, für Prinz Heinrich von Mecklenburg.

Prins Hendrik, wie er in der Niederlande genannt wird, ist ein bodenständiger Mann ohne jegliche politische Ambitionen. Er legt lieber Patiencen und Puzzles, als die Zeitung oder amtliche Dokumente zu lesen. Schon vor der Heirat verspekuliert er sich bei krummen Finanzgeschäften und ist hoch verschuldet, zudem verpasst er es, sich um eine Apanage zu kümmern. So ist er ständig in Geldnot, im Volksmund heisst es, er schaue immer unter den Teller, in der Hoffnung, dort ein Almosen zu finden.

1901 heiratet das ungleiche Paar. Sie ist fleissig, pflichtbewusst und korrekt; er überbordend, frivol und lebenslustig. Weil Hendrik sich neben seiner regierenden Frau Wilhelmina überflüssig vorkommt, sagt er über sich und seine Rolle am Hof: «Ich bin nur Gepäck». In den wenig schmeichelhaften Worten seiner Frau Wilhelmina ist er «schlicht in seinem Auftreten, schlicht in seinem Geschmack, schlicht in seinem Charakter – Schlichtheit kennzeichnete ihn». Damit meint sie wohl nicht Bescheidenheit, sondern seinen eher beschränkten Horizont. Er hat nämlich nur zwei Leidenschaften: die Jagd und das Nachtleben.

Wie sich seine Wesensart im Konkreten auswirkt, zeigt eine weitere Reise in die Schweiz. Die königliche Familie beehrt dieses Mal St. Moritz im Winter. Wilhelmina treibt Wintersport, ihre Tochter und Thronfolgerin Juliana besucht den Skiunterricht, während sich Hendrik in den Gaststuben von St. Moritz langweilt. Ein Freund beschliesst aus Mitleid, den unglücklichen Prinzen zu einem Aufstieg zur Berninahütte mitzunehmen. Hendrik ist kein ungeübter Alpinist. Sein Freund staunt deshalb, als der Gatte der Königin eine Reihe schwer beladener Träger mitbringt.

Kaum ist die Hütte erreicht, setzt ein wilder Schneesturm ein. An eine baldige Rückkehr ins Tal ist nicht zu denken. Da enthüllen die Träger ihre schwere Last: Es sind lauter alkoholhaltige Getränke. Die Berggesellschaft leert in der Folge eine Flasche nach der anderen. Prinz Hendrik soll alle paar Stunden das Fenster geöffnet, den Kopf hinausgestreckt und in den Schneesturm gebrüllt haben: «Gottlob schneit es noch immer, saufen wir weiter, es ist doch soooo gemütlich hier!»

Gegen Abend kehrt die Truppe zurück, doch die Heimkehr nach St. Moritz entwickelt sich zu einer Peinlichkeit sondergleichen. Der Prinz ist sturzbetrunken. Flankiert von zwei Trägern schwankt er durchs Dorf, singt laut und wankt lallend Richtung Hotel. Nur widerstrebend lässt er seine Bergfreunde von dannen ziehen.

IMMERHIN FÜNF UNEHELICHE KINDER

Zu Hause in der Niederlande bekommt Hendrik den Übernamen «Varkensheintje» verpasst, also «Schweinsheinzchen». Die Doppeldeutigkeit ist gewollt: Der Prinz kümmert sich zum einen um den Wald und liebt es, auf die Jagd zu gehen; anderseits benimmt er sich seiner Frau gegenüber «schweinisch», indem er ständig Beziehungen zu anderen Frauen hat und kein leichtes Mädchen auslässt, deren Liebesdienste zu kaufen sind. Um bei seinen Seitensprüngen unerkannt zu bleiben, begibt er sich gerne ins anonyme Rotlichtmilieu, zum Beispiel in Marseille. Bevor er an den niederländischen Hof zurückkehrt, spricht er im Freundeskreis davon, «wieder in die Hölle» zu müssen. Die eheliche Untreue zeitigt Folgen: Hendrik hat nicht weniger als fünf uneheliche Kinder – und ausserdem wahrscheinlich Syphilis.

Ein Vertrauter Wilhelminas, der Polizeikommissar François van't Sant (1883–1966), muss in der Niederlande in Ordnung bringen, was Hendrik angerichtet hat: Indem der Polizeimann Schweigegelder bezahlt, sorgt er für Stillschweigen und dafür, dass sämtliche unappetitlichen Geschichten Hendriks nicht an die Öffentlichkeit gelangen. Van't Sant setzt Unterhaltsverträge für die unehelichen Kinder auf, sucht standesgemässe Ehemänner für die Geliebten des Prinzen und sorgt für regelmässige Zahlungen der Alimente. Zudem organisiert der rührige Beamte Besuche von Prostituierten in seinem eigenen Haus in Den Haag, damit Hendrik von Mecklenburg für seine Eskapaden nicht ins Ausland reisen muss. Damit behalten Wilhelmina und van't Sant einigermassen im Überblick, was der Prinz so treibt.

Die Reisen in die Schweiz bringen etwas Ablenkung und Ruhe in die problembehaftete Ehe von Königin und Prinz. Unter dem Decknamen «Graf und Gräfin von Buren» reisen Wilhelmina und ihr Hendrik noch mehrmals in ihr favorisiertes Ferienland. 1918 geht es erneut nach St. Moritz und nach Zermatt, 1919 nach Zermatt, 1925 nach Bern, Glarus und Elm, 1926 nach Faulensee, 1928 nach St. Moritz und 1929 via Basel, Bern und Genf ins Wallis. Während des Besuchs der beiden beim Bundesrat ist das Bundeshaus in Bern in den Nationalfarben der Niederlande und der Schweiz geschmückt, das Bundesratszimmer ist gemäss *Freiburger Nachrichten* «in einen prachtvollen Blumengarten verwandelt», mit blauen Primeln sowie roten und weissen Nelken.

Anderntags trifft die Königin in Brig ein. Eine grosse Menschenmenge jubelt ihr zu, sodass der *Briger Anzeiger* schreibt: «Die Königin mag daraus gesehen haben, dass die ältesten Republikaner der Welt dem monarchistischen Gedanken absolut nicht so ferne stehen, wie man es vielleicht meinen könnte.» Sie will den nahen Stockalperpalast besichtigen, wandelt durch dessen Garten und betritt die Küche durch die Bedienstetentür. Sofort wird Wilhelmina barsch darauf hingewiesen, dass der Palast privat sei und sie augenblicklich zu verschwinden habe. Dass sie eine Königin ist, verschweigt Wilhelmina und findet es sehr erheiternd, zum ersten und wohl einzigen Mal aus einem Herrschaftshaus hinausgeworfen worden zu sein. Kurz darauf reist die Gesellschaft weiter nach Montana im Unterwallis und macht dort Urlaub.

Fünf Jahre später kommt die Königin nochmals für einen Erholungsurlaub nach Brig, diesmal ohne ihren Gemahl. Sie wohnt im nobelsten Hotel vor Ort, im «Couronne et Poste». Als der daheimgebliebene Prins Hendrik eine

Herzattacke erleidet, bricht Wilhelmina ihren Urlaub ab und reist unverzüglich nach Hause. Im Juli 1934 stirbt ihr Gemahl.

Nach der Beerdigung von Hendrik und all den damit verbundenen Formalitäten muss sich Wilhelmina erholen – dazu reist sie wieder in die Schweiz, dieses Mal ins Toggenburg. Die Königin hat das Hotel Sternen in Unterwasser als Urlaubsdomizil auserkoren. Von Buchs reist die 17-köpfige Gesellschaft ganz einfach mit dem Postauto an. Die Generaldirektion der Post, Abteilung «Postkursinspektorat», plant minutiös: Das Postauto Nr. 1934 mit Fahrer Carl Bösch wird nach Buchs beordert, dazu seien zwanzig Decken im Wagen mitzuführen, zudem stehe ein separater Lastwagen für die fünfzig Koffer der Königsfamilie zur Verfügung. «Dieser edlen Frau und Königin», heisst es bewundernd im *Obertoggenburger Wochenblatt,* «sieht man die Landesregentin weniger an als mancher schweizerischen Dorfregentin auf viel weitere Distanz. Man spricht von der wahren Königin mit viel Hochachtung und Respekt.»

Thronfolgerin Juliana fährt Ski, die Gruppe unternimmt Skitouren, Picknicks, Schlittenfahrten und Ausflüge. Speziell für die blaublütigen Gäste veranstalten die Skilehrer ein Schauspringen auf der Säntisschanze. Der *Toggenburger Bote* bilanziert den königlichen Besuch: «Es soll in diesem unserem echt schweizerischen Blatte keine Propaganda gemacht werden für staatsfremden Monarchismus. Doch es darf gesagt werden, dass Königin Wilhelmina nicht nur die Liebe des eigenen Volks schon längst erobert hat, sondern sich auch im Auslande beliebt gemacht hat.» Der Werbeeffekt der Urlaubsreise für das Toggenburg ist enorm. Bis zum Kriegsausbruch 1939 sind unter den Gästen, die Unterwasser besuchen, mit Abstand am meisten Niederländer.

Die Werbewirkung des Royalen greift auch später wieder. Im Jahr 2004 tauft ein Touristiker von Scuol einen bis dahin namenlosen Gipfel «Piz Amalia» – benannt nach der niederländischen Thronfolgerin, der Ururenkelin von Königin Wilhelmina und der Tochter von König Willem-Alexander und von Maxima. Jedes Jahr bekommt die junge Prinzessin zu ihrem Geburtstag ein Geschenk aus dem Unterengadin. Dennoch war sie noch nie auf dem Berg. Auf «ihrem» Berg.

Dafür sind etliche Niederländer auf diesen Berggipfel im Unterengadiner Val S-charl gestiegen. Sie ziehen auf diese Weise die Spur, die Königin Wilhelmina durch die Schweiz gelegt hat, bis in die Gegenwart weiter.

«Gebt dem
Kaiser, was des
Kaisers ist.»

MATTHÄUS-EVANGELIUM

Wilhelm II., Kaiser Deutschlands und König von Preussen

WIE EIN SCHWEIZER VOLKSHELD

WER

Wilhelm II., Deutscher Kaiser und König von Preussen. Geboren als Friedrich Wilhelm Viktor Albert von Preussen.

WANN

Geboren am 27. Januar 1859 in Berlin, gestorben am 4. Juni 1941 im Exil im niederländischen Doorn.

WAS

Er war von 1888 bis 1918 der letzte Kaiser Deutschlands.

WIE

Er war dreissig Jahre lang deutscher Kaiser, seine Regierungszeit wird nach ihm benannt und heisst Wilhelminische Epoche. Er versuchte mit militärischer Aufrüstung und Forcierung der Kolonialpolitik, Deutschlands Position in der Weltpolitik zu sichern – allerdings mit mässigem Erfolg.

BEZUG ZUR SCHWEIZ

Kaiser Wilhelm II. bereiste zwei Mal die Schweiz, 1893 sowie – sehr öffentlichkeitswirksam – im September 1912.

Warum Kaiser Wilhelm II. kurz vor dem Ersten Weltkrieg die Schweiz besuchte. Was er in Zürich und auf den Anhöhen bei Wil erlebte. Wie frenetisch die Schweizerinnen und Schweizer dem Kaiser zujubelten. Und wem er eine Karotte schenkte.

Während Wochen hat sich die Stadt Zürich herausgeputzt. An der Bahnhofstrasse steht ein hölzerner Ehren- und Triumphbogen, ebenso am Alpenquai, dazu eine Allee mit weissroten und schwarzweissroten Masten beim Bahnhof, zudem tragen die Häuser zwischen Hauptbahnhof und der Villa Rietberg im Enge-Quartier festlichen Schmuck, etwa geflochtene Kränze, farbige Schleifen oder Fahnen. «Um halb 4 Uhr wogte es wie ein Menschenmeer die Strassen auf und ab. Eine halbe Stunde später schon mochte man sich kaum durchzuwinden», berichtet ein Reporter: «Wer seiner eigenen Grösse nicht traute, der nahm einen Sessel, eine kleine Treppe, Bockleiter, eine Bank oder eine wirkliche und regelrechte Kiste mit sich.»

Es sind nicht nur Tausende oder Zehntausende, sondern sogar Hunderttausende, die dem Monarchen auf Zürichs Strassen zujubeln – ihm, dem deutschen Kaiser Wilhelm II. Es ist kaum zu glauben, was sich in Zürich angesichts des kaiserlichen Besuchs abspielt. Hören wir nochmals dem Augenzeugen zu: «Die Fenster und Balkone an den Häusern die ‹Kaiserstrassen› entlang waren zum Erdrücken voll gepfropft, selbst bis in die Mansarden und Zinnen hinauf waren die Leute gestiegen, alle in festlicher Erwartung.»

Der Aufwand hat sich gelohnt, es wird ein publikumswirksames Spektakel geboten. Punkt 17.29 Uhr fährt der blaugelb bemalte Kaiserzug an diesem 3. September 1912 in den Hauptbahnhof Zürich ein, die Stadtmusik Zürich spielt die deutsche Nationalhymne «Rufst Du mein Vaterland», das Militär feuert Böllerschüsse ab, das Schützenbataillon schmettert Trompetenklänge in den Himmel. Schon auf dem Bahnsteig, der mit Perserteppichen ausgelegt ist, schüttelt der deutsche Kaiser dem Schweizer Bundespräsidenten Ludwig Forrer die Hand, überaus kräftig und herzlich, wie es Kaiser Wilhelm II. mit seiner Rechten zu tun pflegt (unbewusst überdeckt er damit wohl die Behinderung seiner Linken). Die unbeschreiblich grosse Menge auf dem Bahnhofplatz gerät ausser sich, als Wilhelm II. Minuten später zu sehen ist; sie jubelt «Bravo!», schreit «Hurra!», winkt, schwenkt Taschentücher, Hüte und kleine Flaggen, «Hoch lebe der Kaiser!» wird tausendfach skandiert.

Es ist ein ungleiches Paar, das daraufhin die strammstehende Ehrenkompanie abschreitet: auf der einen Seite der Kaiser mit seinem kunstvoll nach oben gezwirbelten Schnurrbart, gekleidet in eine schneidige Gardeuniform mit farbigen Kordeln, glitzernden Medaillen und Abzeichen; auf der anderen der Schweizer Bundespräsident Forrer mit seinem weissen Vollbart, langem, schwarzem Mantel und Zylinder. Das Bild der beiden Männer spricht Bände: hier der herbe, militärische Glamour der Monarchie, dort die fade, behäbige Biederkeit der Demokratie.

Dass die offenkundige Verschiedenartigkeit der beiden in die Welt hinausgetragen wird, dafür sorgen Dutzende von Fotografen mit ihren grossen Kameras und auch filmende Kameraleute, die um die Hauptpersonen herumwieseln. Über hundert Journalisten haben sich akkreditiert. Hier zeigt sich konkret, dass der Kaiser ein ausgebuffter Medienprofi ist. Er kennt viele Presseleute und deren Ansprüche, posiert mediengewohnt für ein bis zwei Minuten neben dem Bundespräsidenten, dem das viele Klicken und das Schnurren der Kameras offensichtlich unangenehm ist. Der Kommandant der Ehrenkompanie ist Hauptmann Friedrich Moser-Guhl – er wird seinen Lebtag lang «Kaiser Moser» heissen.

Neun Automobile stehen bereit, der Kaiser steigt in das zweitvorderste und lässt sich feierlich durch die Stadt chauffieren. Aus Sicherheitsgründen fährt der Konvoi einen anderen Weg als angekündigt, zur grossen Enttäuschung des dadurch fehlgeleiteten Publikums. Einzelne haben Fensterplätze in ihrem Haus für teure fünfzig Franken vermietet, andere ihre Balkone feilgeboten, einer soll sogar tausend Franken dafür verlangt haben. Wo der Kaiser durchfährt, grüsst er winkend die jubelnde Menge, über die sich der linke Arbeiterführer Karl Liebknecht nur noch wundert: Zürich hätte den Kaiser «wie einen Messias» begrüsst!

Dazu muss man wissen: Zürich ist zu dieser Zeit auch eine Stadt der Deutschen. 42000 Deutsche leben 1912 in Zürich, das sind 21,2 Prozent der Stadtzürcher Bevölkerung. Doch sind es beileibe nicht nur deutsche Landsleute, die ihrem Kaiser mit Begeisterung huldigen, wie sich auch in den folgenden Tagen zeigen wird.

ZICKZACK FAHRENDER SCHWÄCHLING

Doch bevor wir von den nächsten Stationen der wilhelminischen Reise durch die Schweiz berichten, werfen wir einen genaueren Blick auf den so frenetisch bejubelten Monarchen. Kaiser Wilhelm II. hat 1912 den Zenit seiner Kaiserzeit bereits überschritten. Er ist seit 24 Jahren Kaiser, sein Charakter wird selbst von Wohlgesinnten als sehr schwierig beschrieben. Wilhelm II. sei egozentrisch, launisch und unberechenbar, er zieht sich bis zu fünf Mal pro Tag um, redet ohne Punkt und Komma und ohne zuzuhören, seine Aussagen sind ebenso unbeständig wie seine Garderobe. Sein Übername lautet «Wilhelm der Plötzliche», weil er unvermittelt seine Meinung zu ändern pflegt.

Er umgibt sich mit Speichelleckern und Einflüsterern, er regiert und reagiert fahrig, wankelmütig und aggressiv. Im einen Moment ist er charmanter Causeur, im nächsten wütender Berserker. Er gilt als ungeschickter, naiver Provokateur. In der nichtdeutschen Welt gilt er als Inbegriff des hässlichen Deutschen. Alles an ihm wirkt gross und laut, er ist so diskret wie ein Kanonenschuss. Ein einst befreundeter Graf charakterisiert Wilhelm II. so: Er gebe «das Bild eines Schwächlings, Feiglings, brutalen Strebers» ab, «eines Hohlkopfs und Aufschneiders».

Das mag alles übertrieben sein, doch 1912 – im Jahr des Kaiserbesuchs in der Schweiz – hat Wilhelm in seinem Kaiserreich bereits unzählige Affären und Skandale überstanden, etwa die Eulenburg-Affäre in den Jahren 1907 bis 1909, bei der ein homoerotischer Zirkel im Kaiserviertel ausgehoben wurde. Auch aussenpolitisch hat er mit seiner undiplomatischen Art viel Goodwill zerstört, zum Beispiel 1908 mit einem Interview im *Daily Telegraph,* als er die Engländer pauschal beleidigte und damit eine Staatskrise heraufbeschwor – ausgerechnet er, der einer der vielen Enkel der englischen Queen Victoria (siehe Seite 123ff.) ist. 1911 provozierte er die Franzosen mit einem deutschen Kanonenboot vor der marokkanischen Küste. Und 1912 versuchte Wilhelm England aus dem Bündnis mit Frankreich herauszulotsen, indem er erpresserisch mit seiner aufgerüsteten Flotte drohte.

Die Folge dieses Handelns: Wilhelm II. ist, als er die Schweiz besucht, international isoliert und wirkt unglaubwürdig, sein Zickzackkurs führt in der internationalen Politik zu Unverständnis und mitleidigem Kopfschütteln, die Autorität der deutschen Monarchie erodiert mehr und mehr. Das erinnert an den Schwedenkönig Gustav IV. Adolf vor seinem Sturz (siehe Seite 57ff.). Doch der deutsche Kaiser kann sich an der Macht halten, obwohl er 1912 politisch gesehen ein eigenartiger Aussenseiter ist. Aber er ist ein Aussenseiter mit viel Macht und einer grossen Portion Verrücktheit.

Umso erstaunlicher ist, in diesem Licht betrachtet, der uneingeschränkte Jubel, der ihm in Zürich und auf allen weiteren Stationen in der Schweiz entgegenbrandet. Nach dem Empfangstag in Zürich folgt das Kernstück seiner Schweizer Reise: das grosse, zweitägige Militärmanöver in der Ostschweiz, ein Art Schaulaufen der Schweizer Armee für den hohen Besuch. Die «Blauen» kämpfen im Gebiet um Kirchberg bei Wil im Kanton St.Gallen gegen die «Roten». Die Divisionen fünf und sechs sind im Einsatz, insgesamt 1309 Offiziere, 22645 Unteroffiziere und Soldaten sowie 5755 Pferde beteiligen sich am grossen Manöver. Schüsse fallen, Gewehre knattern, Geschütze böllern, Offiziere brüllen, Wehrleute rennen. Die Divisionen pirschen sich heran, eröffnen den Kampf, ziehen sich zeitweilig zurück, stossen wieder vor, sie schleichen umeinander wie die Katze um ihre Beute.

Endlich trifft ein Automobil auf der Hügelkuppe Hüsligs südlich von Kirchberg am äussersten Zipfel des Toggenburgs ein: «Dort oben stieg ein wohlgewachsener uniformierter Mann aus dem Wagen», schreibt später der bekannte Schriftsteller Meinrad Inglin in seinem Monumentalwerk «Der Schweizerspiegel», «wandte sich auf dem Trittbrett auffällig lachend noch einmal den übrigen Insassen zu, mit einer witzigen Bemerkung vielleicht, betrat dann den Erdboden und ging festen Schrittes zur Böschung, wo er stehenblieb. Während dieser wenigen Schritte erstarb sein Lachen, der letzte Rest von Heiterkeit wich aus seiner Miene.» Natürlich – es handelt sich um Kaiser Wilhelm II. höchstpersönlich. Seither heisst die Anhöhe Hüsligs bei Kirchberg «Kaiserhügel».

S. 215–217
Bejubelt und hofiert: Der deutsche Kaiser Wilhelm II. wurde in Zürich und Bern mit allen Ehren empfangen.

Die Heiterkeit weicht bald, weil der Kaiser in ernster Mission unterwegs ist. Er will mit seinem preussischen Generalstab prüfen, wie leistungsfähig die Schweizer Armee ist. Denn in Berlin bereitet man nichts weniger als einen neuen Krieg gegen Frankreich vor. Wilhelms Generäle beabsichtigen, via Belgien in Frankreich einzufallen; dieser Plan funktioniert aber nur, wenn die Schweiz standhält, sofern die Franzosen über die Schweiz in Süddeutschland eindringen wollen.

SCHLAGFERTIGER APPENZELLER

Von diesen Absichten wissen die Schweizer nichts. Die deutschfreundlich gesinnte Armeespitze um Oberstkorpskommandant Ulrich Wille versucht, dem Kaiser die Schweizer Armee von der besten Seite zu zeigen. Um die Neutralität zu wahren, will die Armeespitze den Eindruck vermeiden, die Manöver würden nur für den deutschen Kaiser und seine Entourage veranstaltet. Deshalb lädt man auch hohe Offiziere anderer Staaten ein – sie werden in ihren farbigen Uniformen einen bleibenden Eindruck in der Ostschweiz hinterlassen.

Der Held des Feldmanövers ist und bleibt dennoch der Kaiser. Er spricht ungezwungen mit Soldaten, Unteroffizieren und Offizieren, die ihm mit schweizerischer Freundlichkeit jede gewünschte Auskunft erteilen. Er lässt sich das Gewehr der Schweizer demonstrieren, fragt die Soldaten nach den Reichweiten der Geschütze und will wissen, in welcher Zeit sie den Schützengraben ausgehoben hätten.

Einen Appenzeller Soldaten im Schützengraben fragt Wilhelm: «Wie viele Soldaten hat Eure Armee?»

«Rund 300000 Mann.»

Der Kaiser antwortet: «Was würden Sie tun, wenn ich mit 300000 Mann käme?»

«Wir würden schiessen.»

Darauf der Kaiser: «Was würden Sie tun, wenn wir mit 600000 Mann anrückten?»

«Nachladen und nochmals schiessen.»

Weniger schlagfertig ist ein Schweizer Feldprediger. Er nippt gerade an seiner Schnapsflasche, als er vom Kaiser überrascht wird. «Aha», ruft Wilhelm guter Laune, «Ihr seid auch einer von denen, die Wasser predigen und Wein trinken!» Der Geistliche wehrt sich, nachdem die Episode ihren Weg in die Presse gefunden hat: Er habe gar nicht getrunken, denn die Flasche sei leer gewesen und zudem gar nicht von ihm.

Die ganzen Militärmanöver kranken an einem zentralen Punkt: an der Popularität des Kaisers. In der Ostschweiz grassiert wie schon in Zürich ein regelrechtes Kaiserfieber. Um einen Blick auf Wilhelm II. zu ergattern, kommen allein am ersten Manövertag 35 Extrazüge in Wil an. Rund 100000 Besucher verteilen sich im Manövergelände als Schlachtenbummler – für einmal passt dieses Wort buchstäblich. Sogar Ferdinand Graf von Zeppelin kommt mit seinem Luftschiff zu Besuch. Die Zuschauer behindern die Soldaten bei ihrem Manövereinsatz, indem sie sich ihnen in den Weg stellen, mitten auf den Gefechtsfeldern picknicken oder die Durchgänge versperren, Kinder spielen Krieg und laufen im Takt der Trommelschläge den Soldaten hinterher. Oder wie es der Beobachter Meinrad Inglin beschrieb: «Sie zerstörten die Illusion eines wirklichen Kampfes, die notwendig ist, wenn die Übung nicht zum Gefechtexerzieren oder gar zu Spielerei werden soll, sie verleideten der Truppe das kriegsgemässe Verhalten und ironisierten durch ihre blosse Gegenwart die eben dargelegte Lage.» Manche Zaungäste packt angesichts des gespielten Kriegs sogar der heilige Eifer, und sie stürzen sich wie übermütige Knaben in den Kampf, gemeinsam mit den anstürmenden Truppen.

Am Ende des ersten Manövertags steht für den Kaiser noch eine Stippvisite in der Kartause Ittingen auf dem Programm. Wieder stellt sich «eine ungeheure Menge

Schlachtenbummler» in den Weg. Der damalige Gastgeber und Besitzer der Kartause ist Oberst Victor Fehr. Dieser lässt sich nicht lumpen und installiert speziell für den hohen Gast ein schönes Wasserklosett mit Holzumrandung und Spülvorrichtung, was damals eine Seltenheit ist. Nach einem Imbiss im Refektorium bewegt sich die kaiserliche Gesellschaft zurück nach Zürich, wo sie erneut von «einer vieltausendköpfigen jubelnden Volksmenge» empfangen wird. Wilhelm II. wohnt wie schon in der Nacht zuvor und in der darauffolgenden Nacht in der Villa Wesendonck (heute Museum Rietberg) bei Berta Rieter-Bodmer, der Witwe von Fritz Rieter, dem reichen Bankier und Handelsherrn. Auf dem Anwesen wohnt damals übrigens auch Ulrich Wille junior, der Sohn des Schweizer Armeechefs und Gatte von Rieters Enkelin.

VOLKSMASSEN UND 3000 RAKETEN

Der Tag ist noch immer nicht zu Ende. Später am Abend geht der Kaiser nämlich an Bord der «Stadt Zürich» und lässt sich über den Zürichsee schiffen. Wiederum sind Hunderttausende auf den Beinen. Ebenfalls auf dem Schiff befinden sich Vertretungen von Bundesrat, Stadtrat und Regierungsrat, viele eidgenössische Räte und andere wichtige Leute. Aber auch die Kriminalpolizei ist vor Ort, weil man seit der Ermordung von Sisi auf Schweizer Boden (siehe Seite 167ff.) vor Attentaten auf der Hut ist. Zu Ehren des Kaisers erleuchtet um 20.40 Uhr ein fulminantes Feuerwerk den Nachthimmel – nicht weniger als 3000 Raketen zischen hoch, knallen und verbreiten gute Laune. Die *Neue Zürcher Zeitung* bilanziert: «Zürich wird auch an bewegtesten Tagen noch nie so etwas gesehen haben. Der Wucht der Massen waren die Beamten und Angestellten nicht mehr gewachsen. Perrons und Schienen wurden im Sturme genommen und überflutet und die Eisenbahnwagen noch im Laufen besetzt.»

Auch am nächsten Tag steht ein militärisches Manöver auf dem Programm. Kaiser Wilhelm II. wird nach einem grossen Empfang in Wil ein «Manöver-Frühstück» auf dem Ölberg bei Wil serviert, in einem Pavillonzelt für 150 Personen. Um 9.15 Uhr lässt Gefechtschef Wille zum Zapfenstreich blasen, also zum Abbruch der Übung. Die bevorstehende Abreise des Kaisers veranlasst den Oberstkorpskommandanten zu diesem Schritt.

Das Manöver scheint seinen Zweck erfüllt zu haben. Kaiser Wilhelm zeigt sich in seinen offiziellen Äusserungen beeindruckt von der Leistungsfähigkeit der Schweizer Armee – oder ist es nur höfliche Diplomatie? 103 Pressevertreter aus der Schweiz, 54 aus dem Ausland, 44 Fotografen und 6 Maler berichten ausführlich über die «Kaisermanöver».

Doch hinter den Kulissen sind bei den Militärprofis auch kritische Stimmen zu hören: Die Menge der Schlachtenbummler wird ebenso gebrandmarkt wie die Anwesenheit von «Damen» im Manövergelände, militärisch hinterfragt wird die kurze Ausbildungszeit der Schweizer Soldaten sowie gewisse Unsicherheiten in der Führung, sodass eine Berufsarmee die Schweizer Milizarmee locker überflügeln dürfte. Das *Berner Intelligenzblatt* meint: Die Truppenübung trage «unverkennbar die Signatur eines für den Besuchszweck vorbereiteten Schauspiels, und in der Durchführung fehlte es auch nicht an Momenten, denen man die Orientierung nach dem Standort des hohen Gastes deutlich anmerkte».

Dennoch fällt das Fazit insgesamt positiv aus, stellvertretend dafür sei die *Frankfurter Zeitung* zum Zustand der Schweizer Truppen zitiert: «Zierlich sind sie nicht, aber man erkennt in ihnen mit Leichtigkeit die kampfstarken Nachkommen der für ihre Freiheit ringenden und siegenden Vorfahren. Gewiss sieht man wenig Strammheit in der Haltung, wie sie der Paradedrill erzeugt, aber die lose Haltung ist meiner Ansicht nach weniger die Folge unmilitärischen Fühlens, sondern mehr diejenige der Schwere des Knochenbaus und der Glieder.»

Und in der St.Galler Zeitung *Die Ostschweiz* reimt der «Gadesepp»:

«Jedi Zitig, jedes Land
Redt jetz vo de Schwiz.
Rüehmt und hebt zum Himmel fast
Üseri Miliz.
Wemmr au a Platz und Volk
Bloss en chline Staat,
Simmr glich für Land und Lüt
Zue me Krieg parat.
[...] Und die alte Schwizerfüüst
Sind no härt wie Stei:
Jedem, won üs z'noch cho will,
Zündid's g'hörig hei.
Au em dütsche Kaiser gär
Hemmr imponiert –
Schwizer, sorgid, dann men üs
All so respektiert.»

Auf dem Bahnhof Wil geht es bis um Mitternacht zu und her wie in einem Bienenstock, bis endlich auch die letzten Schaulustigen ihre Heimreise antreten. Am nächsten Morgen bildet die grosse Truppeninspektion in Aadorf (TG) den Abschluss der «Kaisermanöver» – allerdings ohne den Kaiser, der wegen Zeitmangels bereits weitergereist ist, dafür wiederum mit rund 100000 Schaulustigen.

Eigentlich hätte die Schweizreise des Kaisers viel länger dauern sollen. Nicht nur die Inspektion in Aadorf lässt er aus, sondern auch die Besuche in Luzern und im Berner Oberland. Die Tourismusorte sind masslos enttäuscht, doch der Grund für die Abkürzung der Reise ist, dass der Kaiser noch kurz vor der Ankunft in der Schweiz an Schüttelfrost, Rheumaattacken sowie an einer Schwellung des Halses litt. Das Berner Oberland hat als marketinggewiefte Destination viel bieten wollen: Trachtengruppen und

Viehherden sind ebenso bestellt wie Pfeifer und Trommler aus Basel, Armbrustschützen aus Thun sowie ein allegorischer Wagen mit einer «Jungfrau», begleitet von zwölf Töchtern. Das *Berner Intelligenzblatt* spricht von einem «Ramschbazar» und zeigt sich nicht unglücklich darüber, dass dieser nicht zustande kam.

Trotz des verkürzten Aufenthalts besucht Wilhelm II. vor seiner Abreise Richtung Bern unerwartet das Landesmuseum beim Hauptbahnhof Zürich. Eine Stunde lang wandelt er gemütlich und staunend durch das Museum, besonders die Waffenhalle soll dem kriegsliebenden Kaiser imponiert haben.

DER LÖWE UND DIE BÄREN

Um 14.30 Uhr kommt der kaiserliche Hofzug in Bern an, der letzten Destination der «Kaisertage». Leichten, elastischen Schrittes geht der Kaiser auf Bundespräsident Forrer zu und reicht ihm «kordial wie einem Dutzbruder die Hand», wie ein Journalist bemerkt. Ludwig Forrer, der Mechanikersohn, Rechtsanwalt und Bundesrat, vertritt radikal-demokratische Positionen. Der 67-jährige Winterthurer ist so etwas wie ein Fels in der bundesrätlichen Brandung; in den letzten zwei Jahren sind fünf von sieben Bundesräten aufgrund von Todesfällen und Rücktritten ausgewechselt worden. Man nennt Forrer auch den «Löwen von Winterthur». Wilhelm II. hingegen, der deutsche Kaiser, 53-jährig, ist ein selbstherrlicher Autokrat. Er ist mit seiner unberechenbaren Art das Gegenteil einer politischen Konstante, im Volksmund «Reisekaiser» genannt, woraus die freche Berliner Schnauze auch mal «Scheissekaiser» macht.

Jetzt trägt Wilhelm die grüne Uniform mit Marschallsabzeichen und macht «den Eindruck einer natürlichen Gesundheit, einer ungeheuren Straffheit, einer aussergewöhnlichen geistigen und körperlichen Energie, die an unbeugsame Härte grenzen kann», wie ein Journalist vermerkt, doch gleich relativiert: «Heute war freilich die Strenge aus dem tiefbraunen Gesichte gewichen, und es lag nur Sonnenschein auf den ernsten Zügen.»

Auch in Bern stösst der Kaiser auf grosse Sympathie, es ist erneut unglaublich viel Volk auf den Strassen, die Kinder haben schulfrei, die Erwachsenen sind via Zeitungen über den hohen Besuch und dessen Erfolg in Zürich und Wil informiert worden. Kaiser Wilhelm II. erlebt einen «wahren Triumphzug», wie die Zeitungen melden. Ihm branden in der ganzen Stadt «Hoch!»-, «Bravo!»- und «Hurra!»-Rufe entgegen. Das demokratische Bern scheint an diesem Nachmittag sehr royalistisch eingestellt. Mehr noch: Auf den Filmaufnahmen von damals wirken die sonst eher bedächtigen Bernerinnen und Berner wie enthusiastische Monarchisten.

Das Programm am letzten Nachmittag des Staatsbesuchs ist dicht gedrängt. Der Kaiser stattet dem Berner Münster einen Besuch ab, ebenso der deutschen Gesandtschaft, trifft den Bundesrat, schenkt der Eidgenossenschaft eine zwei Meter hohe Standuhr aus Porzellan, diniert im «Bernerhof» und lässt sich den Bärengraben zeigen.

Dort drängt sich trotz aller Absperrungen ein «ganz richtiger Berner Gassenbub mit grauer Kappe» bis zum Kaiser vor. Wilhelm II. zeigt sich keineswegs überrascht, sondern überreicht dem «Büebli» das «Rüebli», das eigentlich für die Bären vorgesehen war.

«B.B.King, Roland Kaiser, Les Reines Prochaines, Queen...»

DIE ANZIEHUNGSKRAFT DES ADLIGEN REICHT IN ALLE MUSIKSPARTEN

Königin Astrid
von Belgien

DER EUROPÄISCHE UNGLÜCKS-FALL

WER
Astrid, Königin von Belgien. Geboren als Prinzessin Astrid Sofia Lovisa Thyra von Schweden.

WANN
Geboren am 17. November 1905 in Stockholm, gestorben am 29. August 1935 in Küssnacht am Rigi.

WAS
Ihr Mann Leopold III. war ab 1934 König von Belgien.

WIE
Das Königspaar Leopold und Astrid von Belgien war sehr beliebt. Es wusste sich geschickt zu inszenieren, was die damals aufkommende Boulevardpresse dankbar aufnahm.

BEZUG ZUR SCHWEIZ
Königin Astrid stirbt bei einem tragischen Autounfall 1935 in der Schweiz. König Leopold III. lebt mit seiner zweiten Frau von 1945 bis 1950 im Exil am Genfersee.

Wie Königin Astrid in der Schweiz starb. Warum es zum tödlichen Unfall kam. Wie das Unglück zum europäischen Grossereignis wurde. Und was das alles mit der Swissair zu tun hatte.

Es ist Donnerstag, der 29. August 1935, der Himmel ist blau, nur einzelne Wolken sind an diesem letzten Ferientag zu sehen. Ideal für eine gemütliche Autofahrt um den Vierwaldstättersee. Um 9.19 Uhr schnurren die acht Zylinder des neuen Packard-Cabriolets mit edlen Weisswandreifen und belgischem Kennzeichen auf der Seestrasse zwischen Merlischachen und Küssnacht. Die Beifahrerin hat die Strassenkarte auf ihrem Schoss und zeigt mit ausgestrecktem Arm auf die imposanten Flanken der Rigi.

Da passiert es: Der Lenker ist kurz abgelenkt, er macht eine unkontrollierte Bewegung, der Wagen touchiert den etwa zwanzig Zentimeter hohen Bordstein. Um ein Unglück zu verhindern, tritt der Mann am Steuer aufs Gaspedal, was die Situation verschlimmert, denn der Packard donnert seitwärts gegen einen Birnbaum. Die Beifahrerin will aus dem Auto springen, doch da prallt es gegen einen zweiten Baum, die Frau und schliesslich auch der Fahrer werden herausgeschleudert. Erst im Schilfgürtel am Seeufer kommt der Wagen zum Stehen.

Die schlimmen Folgen des Unfalls: Ein lebloser Frauenkörper liegt auf der Wiese, der Fahrer des Wagens – selbst an Gesicht und Arm verletzt – rennt zu ihr, nimmt sie in den Arm. Er küsst sie, redet auf sie ein, küsst sie wieder und wieder. Der andere, als Chauffeur gekleidete Mann auf dem Rücksitz, hat schwere Beinverletzungen erlitten und wird aus dem Unfallwagen getragen.

Das Unglück zieht viele Schaulustige an. Sie beobachten, wie der Mann in Fahreruniform zum Polizisten Adalbert Kälin sagt: Nein, er sei nicht gefahren, «sondern mein Herr». Der noble Herr verweigert die Auskunft. Die Polizei findet bei der Durchsuchung des Wracks zwei belgische Diplomatenpässe, lautend auf Louis Lambert und Gattin, Industrieller aus Brüssel, zudem eine Mitgliedskarte des Schweizer Alpen-Clubs, Sektion Pilatus, ausgestellt auf «Comte de Réty».

Nach ersten Erkundigungen erfährt die Polizei, dass weder Lambert noch Réty am Unfall beteiligt waren: Der Mann ist Leopold III., König von Belgien. Und bei der leblosen Frau handelt es sich um Astrid, Königin von Belgien. Er kommt mit Schürfungen, Schnittwunden und einer Gehirnerschütterung davon; sie aber stirbt an einem Schädelbruch und schweren Kopfverletzungen.

DIE LADY DI DER 1930ER-JAHRE

Der Verkehrsunfall ist eine Tragödie, die rasend schnell europaweit bekannt wird.

Sie, die junge, ungekünstelte Schönheit aus dem Norden, ist tot. Sie, die «Königin der Herzen», wie sie genannt wird. Die sich als liebevolle Mutter der drei kleinen Kinder Charlotte, Baudouin und Albert inszenierte. Die ihre Zuneigung zu ihrem Gatten ungeniert und öffentlich zeigte.

Sie war ein grosses Thema für die Gazetten in ganz Europa. Und sie brachte ein geteiltes Land wie Belgien zum Jubeln.

Wie später bei Lady Diana trauern ein ganzes Land und die vereinigte Boulevardpresse über den Tod – Astrid war nicht einmal dreissigjährig und eine Ikone, weil sie in einer Liebesheirat den belgischen Thronfolger geehelicht hatte. Das war eine Story, die man sich privat gerne erzählte, und die auch die Medien gerne weiterverbreiteten.

Astrids Unfalltod fällt in eine Zeit, als vermehrt Bilder den Weg in die Zeitungen finden. In der ganzen Welt verkünden gedruckte Medien auf der Titelseite den tragischen Tod der jungen Königin. Stellvertretend sei die *Schweizer Illustrierte* zitiert: «Urplötzlich reisst das Schicksal einen Faden entzwei und verwandelt selige Freude in bitteres Leid. Eine tote Königin, ein seelisch gebrochener Gemahl kehrt nach Luzern zurück.»

Auch Belgiens Premierminister Paul van Zeeland nimmt die multimediale Emotionalität auf und sagt am Radio: «Gibt es ein Haus in Belgien, in dem keine Tränen, keine richtigen Tränen, die in den Augen brennen, um sie vergossen worden sind?» Bilder der verunglückten Königin finden reissenden Absatz, die Briefmarke mit schwarzem Trauerrand aus dem Kleinstaat Belgien mit 8 Millionen Einwohnerinnen und Einwohnern erreicht eine Auflage von fast 22 Millionen Stück.

Innerhalb von wenigen Stunden wird Küssnacht am Rigi von Schaulustigen überrannt. Sogar Reisebusse fahren zum Unfallort: Tausende finden sich auf der Uferstrasse ein, um die Unglücksstelle zu besichtigen. Souvenirjäger treten das Gras platt, reissen Grasbüschel mit Blutspritzern aus, suchen nach abgerissenen Teilen des Unfallwagens und schaben die Rinde vom Birnbaum. Der Abhang am Vierwaldstättersee verwandelt sich mit den Kränzen und Kondolenzbouquets in einen Blumenhügel.

Auch bei den Einheimischen ist die Betroffenheit gross. Schweizer Prominente, denen man nicht auf Anhieb eine monarchische Fankultur attestieren würde, trauern vor Ort und hinterlassen ihre Visitenkarten, beispielsweise der Kunstmaler Cuno Amiet, der St. Galler Privatbankier Hermann Wegelin oder der spätere General Henri Guisan, aber auch der Schweizer Aussenminister Giuseppe Motta. Auf einem Band um einen Gladiolenstrauss heisst es: «Der lieben belgischen Königsmutter von einer einfachen Schweizer Mutter.» An der Stelle, wo Königin Astrid ihr Leben liess, hat jemand ein kleines Holzkreuz in den Boden gesteckt.

Der Sarg der Königin ist bereits in die Villa Haslihorn in St. Niklausen überführt worden, wo die königliche Familie ihre Ferien verbrachte. Abends verlässt ein Sonderzug nach Brüssel mit den sterblichen Überresten den Güterbahnhof Luzern. An die Lokomotive ist ein Schlafwagen gehängt, dann folgt ein schlichter, schwarz ausgeschlagener Gepäckwagen mit dem blumenbekränzten Sarg – nur zwei oder drei Bahnlaternen werfen ein schwaches Licht. Hohe Schweizer Militärs, Diplomaten und belgische Honoratioren reisen mit. Um 22.15 Uhr verlässt der merkwürdige Sonderzug die Stadt Luzern.

Das erinnert alles an die ebenso grossen Inszenierungen in Genf nach dem gewaltsamen Tod von Kaiserin Elisabeth im Jahr 1898 (siehe Seite 167 ff.). Auch jetzt stehen die Fahnen beim Bundeshaus und entlang der Bahnlinie auf Halbmast, an den Bahnhöfen versammeln sich Tausende Schweizerinnen und Schweizer, die den Sonderzug sehen und von Astrid Abschied nehmen wollen.

Von dieser Königin Astrid, die als Astrid Sofia Lovisa Thyra und Tochter von Prinzessin Ingeborg und Prinz Karl, dem Bruder des schwedischen Königs, geboren worden war. Im Alter von 19 Jahren heiratet sie den belgischen Thronfolger Leopold III. 1934 werden die beiden zum jüngsten Königspaar Europas, manche sagen auch zum schönsten – nicht zuletzt dank einer geschickten Inszenierung mit retuschierten Fotografien. Astrid wird innerhalb von kürzester Zeit zum europäischen Mythos und zum Verkaufsrenner der damals aufkommenden Boulevardpresse, der nur mit dem heutigen Kult um das britische Königshaus vergleichbar ist.

DER PAPARAZZO AUF DEM FAHRRAD

Dass der Unfalltod so grosses Aufsehen erregt, hat mit dem weiteren Geschehen am Unglücksort zu tun. Einer der Schaulustigen an der Unfallstelle ist Willy Rogg, ein 25-jähriger Student der Zahnmedizin. Sein Vater arbeitet als Amtsschreiber des Bezirks in Küssnacht und hat von einem Unfall «mit hochgestellten Leuten» gehört. Er ruft seinen Sohn an und schickt ihn mit dem Fotoapparat an die Unfallstelle. Willy radelt unverzüglich dorthin und sieht die leblose Frau. Er – ganz der angehende Mediziner – fühlt ihr den Puls, doch das Herz hat bereits aufgehört zu schlagen. Dann erinnert er sich – ganz der Amateurpaparazzo – an den väterlichen Auftrag und erstellt sechs Fotoaufnahmen: Sie zeigen das zerstörte Auto, die Unfallstelle und den Moment, als die Leiche der Königin eingesargt wird.

Rogg pedalt eilig nach Weggis, um die Fotos entwickeln zu lassen. Er übergibt die Bilder einem Reporter der Schweizer Fotoagentur Photopress. Doch dieser erreicht seinen Chef nicht und kann sich selbst nicht zur Übernahme der Bilder entschliessen. Als sich ein Journalist der Nachrichtenagentur Associated Press (AP) bei Rogg meldet, wittert dieser das grosse Geschäft. Er verkauft seine Exklusivbilder für je hundert Franken, setzt sich auf Spesenrechnung von AP in Luzern in ein Taxi und fährt auf schnellstem Weg zum Flughafen Dübendorf.

Nachdem ihm die Bildagentur in London die Abnahme der Fotos garantiert hat, wird für 5000 Franken ein Flugzeug gemietet. Nur – es ist bereits dunkle Nacht. Soll die Swissair für die Paparazzo-Bilder den ersten Nachtflug ihrer Geschichte wagen? Weil die Piloten ihre Flugzeuge zu dieser Zeit vor allem auf Sicht fliegen, kommen solche Flüge nicht infrage.

Das belgische Königspaar Leopold III. und Astrid im Königlichen Palast: im Hintergrund ein Porträt König Leopolds I.

Der tragische Unfall von 1935: Das königliche Fahrzeug kam vor Küssnacht am Rigi von der Strasse ab.

Angehörige der belgischen Königsfamilie gedenken fünfzig Jahre nach dem Unfall Königin Astrid: Pressefotografen verfolgen das Geschehen von der Astrid-Gedenkkapelle aus.

Doch einer wagt es: Am Steuerknüppel sitzt nicht irgendein Pilot, sondern der ebenso legendäre wie populäre Walter Mittelholzer (1894–1937), technischer Direktor der 1931 gegründeten Swissair.

Solche Promibilder wie die von Astrids Unfall sind ganz nach dem Geschmack Mittelholzers, der auch ein gewiefter und erfolgreicher Medienunternehmer ist. Er trifft sich gerne mit Prominenten aus Wirtschaft, Politik und Showbusiness. Weil er inzwischen mehr Manager und Bildervermarkter als Pilot ist, scheint ihm der Nachtflug trotz seiner Alpen- und Afrikaflüge nicht ganz geheuer. Deshalb bittet er fünf Minuten vor dem Start den erfahrenen Piloten Robert Gsell (1889–1946) an Bord. Gsell, wahrscheinlich der bessere Pilot als Mittelholzer, ist Weltrekordhalter im Dauerfliegen, Oberexperte und ETH-Dozent für Flugwesen. Dieser findet es zwar ein wenig merkwürdig, für ein paar Bilder in der Nacht eine Douglas DC-2 zu starten – eine Maschine mit 14 Plätzen! Dennoch heben Mittelholzer und Gsell mit dem Douglas-Schnellflugzeug um 21.35 Uhr in Zürich-Dübendorf ab.

EISSTÜCKE PRASSELN AUF DEN RUMPF

Während die Lichter von Zürich noch «feenhaft» zu sehen sind, wie Gsell notiert, blinken bereits die Lichter von Basel und Belfort. Die beiden Piloten berechnen mit einem kreisförmigen Rechenschieber den richtigen Flugwinkel, von Zeit zu Zeit donnern sie durch ein Wolkenloch. Sie wissen nicht mehr, wie weit sie schon geflogen sind, denn aufgrund der Wolken ist vom Boden nichts mehr zu sehen. Trotz der Sommernacht ist es bitterkalt, auf der Flughöhe von 4500 Metern hat sich Eis an den Luftschrauben gebildet, die Kabinenfenster sind zugefroren. Plötzlich prasselt Eisregen auf den Flugzeugrumpf, so laut, als würde es Kieselsteine aus dem Himmel schütten. Gsell erhöht die Drehzahl der Propeller, damit das Eis abgeschleudert wird. Via Kopfhörer rumort es wie in den Kindertagen des Rundfunks; der Flug ist alles andere als angenehm. Doch zur Erleichterung der Piloten geht der Niederschlag in Regen über. Allmählich weichen die Wolken, und der Blick in die Tiefe zeigt den Ärmelkanal und dahinter die Leuchtfeuer der Schifffahrt. Die Piloten entspannen sich, als die drehenden Lichtfinger des Flugplatzes von London zu sehen sind. «Gegenüber dem Dunkel grosser Teile Frankreichs habe ich das Gefühl, im helllichten Tage zu fliegen», schreibt Mittelholzer später. Auch die Funkverbindung kommt zustande, sodass die Piloten den Sinkflug einleiten können. Das Rollfeld ist erleuchtet, die Maschine setzt nach drei Stunden und zwanzig Minuten nachts um 0.55 Uhr weich auf und kommt zum Stehen. Schon Sekunden später entreisst ein Bote den Piloten die wertvollen Fotos und braust auf einem Motorrad davon.

Der erste Nachtflug der Swissair ist gelungen – und er führt dazu, dass die Unfallbilder aus Küssnacht auf der ganzen Welt Verbreitung finden. Denn die Nachrichtenagentur Associated Press in London setzt die neue Methode des Bildrundfunks ein. Dabei werden die Bilder in Töne umgewandelt und drahtlos übertragen. So kommt es, dass die Fotos der toten jungen Königin noch in der Nacht auf die Redaktionen in der ganzen Welt gelangen und bereits zum «Early Morning Tea» die Leserschaft erschaudern lassen.

Die Schweizer Flugpioniere Mittelholzer und Gsell sind stolz auf ihre Leistung. Nach kurzer Nacht laden sie englische Zeitungen mit «ihren» Fotos der verunglückten Königin in die DC-2. Erst dann fliegen sie in die Schweiz zurück, wo sie gegen Mittag ankommen.

Dort ist in der Zwischenzeit einiges passiert: Zwischen Fotoabgabe und Zeitungsdruck erhielt der Amateurpaparazzo Willy Rogg einen Anruf des bekannten belgischen Aussenministers Paul-Henri Spaak. Dieser bat den jungen Schweizer ausdrücklich, die Bilder nicht zu veröffentlichen. «Je regrette», meinte Rogg, «die Bilder sind bereits in London.» Aber sie würden keine Nahaufnahmen zeigen und seien seiner Meinung nach keineswegs sensationslüstern.

Auch die Behörden in Küssnacht arbeiten weiter an dem Fall. Sie untersuchen den Unfall mit der gebotenen Präzision. Augenzeugen werden befragt, Mediziner verfassen einen Bericht über das Opfer, eine Karte des Unfallorts und eine Zeichnung des Unfallvorgangs werden erstellt. Auch das Cabriolet wird eingehend untersucht, alles war in perfektem Zustand, einschliesslich der Bremsen. Garagist Erwin Mühlemann-Tresch, bei dem das Autowrack eingelagert wird, weiss um die Attraktivität des zerstörten Wagens. Deshalb lässt er Journalisten und Fotografen einen Blick darauf werfen – aber nur gegen eine Gebühr von dreissig Rappen. Prompt beklagt sich die belgische Presse über den pietätlosen Geschäftemacher, und das Schweizer Aussenministerium muss dämpfend zum «beklagenswerten Verhalten des Garagisten» Stellung beziehen und die Wogen glätten.

Bereits kurz nach dem Unglück ist den Schweizer Behörden klar, dass sich der Unfallort zur Gedenkstätte für Belgier und Monarchiefans aller Länder entwickeln könnte. Die Eidgenossenschaft ersteht die zwei Parzellen: Der eine Besitzer verkauft sie zum damals handelsüblichen Preis von 18 Franken pro Quadratmeter. Der andere wittert ein Geschäft und verlangt 50 Franken, sodass ihn der Bundesrat kurzerhand enteignet. Die Eidgenossenschaft übergibt den Unglücksort Volk und Krone von Belgien. Bereits ein Jahr nach dem Unfall steht am Gedenkort die Astrid-Kapelle. Gestaltet hat sie der belgische Vorzeigearchitekt Paul Rome, gebaut die lokale Baufirma Gambaro, übrigens ganz aus belgischem Granit. Astrid wird im dreiteiligen Glasmalereizyklus als selbstlose Märtyrerin verehrt, fast wie eine Heilige, was ihrem Gatten später zum Verhängnis wird.

KEIN WORT ÜBER DIE MUTTER

Leopold III., der verwitwete König und Lenker des Unfallwagens, ist über den Tod seiner Gattin noch lange nicht hinweg. Seinen drei Kindern verbietet er, je über ihre Mutter zu sprechen, er lässt ihr Zimmer auf Schloss Laeken unberührt und bewahrt ihren blutverschmierten Rock auf. So verwundert es nicht, dass es Leopold nicht zur Eröffnung der Gedenkkapelle am Unfallort schafft; immerhin lässt er einen Kranz niederlegen. Die Schweiz wird für ihn später aber von grosser Bedeutung sein.

Denn die Verdrängung, die sein Umgang mit Astrids Tod aufscheinen lässt, zeigt sich auch in seiner sonstigen Haltung. 1940 kapituliert Belgien gegenüber Nazideutschland. Anders als die belgische Regierung oder die Monarchen von Norwegen und Königin Wilhelmina der Niederlande, die aus dem Exil den Widerstand aufrechterhalten, lässt Leopold sich in deutsche Gefangenschaft nehmen – ein Verhalten, das viele Belgierinnen und Belgier als Verrat und Feigheit auslegen. Er wird in seinem Schloss unter Hausarrest gestellt. Als Leopold III. dann auch noch Adolf Hitler auf dem Obersalzberg in Berchtesgaden besucht, verliert er weitere Sympathien.

Die Stimmung gegen Leopold III. kippt vollends, als er mitten im Krieg – 1941 – die schwangere Lilian Baels heiratet. Während die Bevölkerung unter der deutschen Besatzung leidet, feiert der König seine Hochzeit mit Pomp und Lichterglanz.

Als die Öffentlichkeit erfährt, dass Adolf Hitler dem Ehepaar zur Hochzeit ein Glückwunschtelegramm mit Blumen zusendet, wird das als mangelnde Distanz zum Nationalsozialismus interpretiert. Lilian Baels ist ausserdem eine Bürgerliche, Tochter eines mit den Nazis kollaborierenden Industriellen und kleidet sich extravagant, was in Belgien ebenfalls nicht gut ankommt. Zwar nennt sie sich nicht Königin, sondern nur «Prinzessin Lilian von

Belgien» und verzichtet auf alle royalen Ansprüche für sich und ihre Nachkommen.

Dennoch wird Leopold die Heirat als übler Verrat an der unvergessenen, mittlerweile mystifizierten Königin Astrid ausgelegt. Das herzerweichende Bild des trauernden Witwers mit den drei Halbwaisen ist dahin. «Lustig, lustig, lasst uns heiraten!» lautet eine der bissigen Zeitungsüberschriften und spiegelt die Stimmung in Belgien.

Leopolds Popularität befindet sich daraufhin im freien Fall. Fotos von ihm und seiner Astrid, die bisher belgische Stuben zierten, werden reihum entfernt. Als der belgische König 1944 ins Schloss Hirschstein in Sachsen und 1945 nach Strobl in Österreich deportiert wird, mutmassen Untergrundmagazine, Leopold habe sich deportieren lassen, um sein Image aufzubessern. Die Stimmung in Belgien ist eindeutig gegen Leopold gerichtet: Weil er sich auch noch gegen die Beschlüsse der belgischen Exilregierung stellt, erklärt ihn das Parlament in Brüssel offiziell für «unfähig, zu regieren». Stattdessen wird Leopolds Bruder Karl Prinzregent von Belgien.

Leopold bleibt nichts anderes als der Weg ins Exil – wogegen er sich 1941 noch gewehrt hatte. Als Exil wählt er die Schweiz, nämlich das kleine Dorf Pregny-Chambésy, einen Vorort Genfs. Dort wohnt er mit seiner neuen Frau und den Kindern aus erster und zweiter Ehe auf dem herrschaftlichen Landgut Le Reposoir. Der spätere König Baudouin besucht das Lycée in Genf.

Der entmachtete König Leopold III. sitzt am Ufer des Lac Léman und schmollt über die mangelnde Wertschätzung seines Volks. Eine offizielle Untersuchung der Vorkommnisse im Zweiten Weltkrieg wäscht ihn rechtlich rein. Doch die Stimme des Volks orientiert sich an der Moral, und die bleibt im Keller.

1950 droht Belgien zu zerbrechen. Heftige Strassenschlachten, wilde Streiks und Regierungskrisen bringen das Land an den Abgrund, zudem bricht der Konflikt zwischen Flamen und Wallonen wieder aus. Unter diesen dramatischen Umständen kommt es zur Volksabstimmung: Knapp 58 Prozent stimmen vor allem aus regionalpolitischen Gründen für die Rückkehr des Königs. Leopold III. ist guten Mutes. Aber als er in Pregny die Koffer packt und nach Brüssel zurückkehrt, ist der Empfang in Belgien mehr als frostig. So ringt sich Leopold III. zu einem folgenreichen Entscheid durch: Er dankt 1951 zugunsten seines zwanzigjährigen Sohnes Baudouin ab, «um die Einheit des Landes und die Monarchie zu erhalten».

Das mondäne Acht-Zylinder-Cabriolet der Marke Packard, das Unfallauto von Küssnacht am Rigi, lässt König Leopold III. «an der tiefsten Stelle» des Vierwaldstättersees versenken. Dort, auf der Höhe von Schloss Meggenhorn, soll das Wrack noch heute in 200 Metern Tiefe liegen. Trotz der Suche von selbst ernannten Archäologietauchern bleibt es bis heute verschollen.

Leopold wird es recht sein.

In der Schweiz existiert ein Hotel oder Restaurant Krone in:

AARAU,
AARBERG, ADLISWIL,
AFFOLTERN A.A.,
ALTNAU, AMRISWIL,
ARISTAU, ARNEGG,
ARTH, ATTINGHAUSEN,
BAD RAGAZ, BAD
ZURZACH, BALTERSWIL,
BARGEN, BINNINGEN,
BIRMENSDORF,
BUCHS SG, BUOCHS,
BÜRGLEN TG, BÜREN A.A.,
CHAM, CHURWALDEN,
DIELSDORF, DIETIKON,
DIESSENHOFEN, EGG SZ,
EGGERSRIET, ELGG,
EINSIEDELN, ENNETBÜHL,
ERLENBACH BE,
ERMATINGEN, ERSTFELD,
ESCHENZ, ESCHOLZ-
MATT, FEUERTHALEN,
FLAWIL, FORCH,
GAIS, GIPF-OBERFRICK,
GISWIL, GLARUS, GOLDAU,
GOMMISWALD,
GONTEN, GÖSCHENEN,
GOTTLIEBEN,
GREIFENSEE, HASLEN,
HÄGGENSCHWIL,
HEDINGEN, HEIDEN,
HINDELBANK, HIRZEL,
HOMBRECHTIKON,
HOSPENTAL, HUNDWIL,
HÜTTEN, HUTTWIL,
IGIS, JONA, JONSCHWIL,
KERNS, KERZERS,
KÜBLIS, LA PUNT,
LAUFEN BL, LAUPERSDORF,
LENGGENWIL, LENK,
LENZBURG, LEUK,
LICHTENSTEIG, LIESTAL,
LOMMIS, LUZERN,
MALANS, MALTERS,
MARBACH, MÖHLIN,
MÖRSCHWIL, MOSNANG,
MURTEN, NESSLAU,
NEUHAUS, NIDFURN,
NIEDERHASLI,
NIEDERURNEN, OBER-
NEUNFORN, OBERRIET,
OLTEN, PFÄFFIKON ZH,
PFYN, RAFZ,
RIETHEIM, RUBIGEN,
RÜEGSBACH, RUSSIKON,
SARGANS, SARNEN,
SCHLIEREN, SCHMERIKON,
SCHÖNENBUCH BL,
SCHWÄNDI, SCHWYZ,
SELZACH, SEMPACH,
SENNWALD, SPEICHER,
SPIEZ, STETTEN,
ST. GALLENKAPPEL,
ST. MORITZ, TAMINS,
THUN, TRIMMIS, TROGEN,
TRÜBBACH, TUTTWIL,
UETENDORF, URNÄSCH,
UZNACH, VISP,
WÄDENSWIL, WALD AR,
WALENSTADT,
WANGEN A.A., WANGEN
SZ, WEESEN, WETZIKON,
WIEDLISBACH,
WILLISAU, WINTERTHUR,
WITTNAU, WOLHUSEN,
WOLFHALDEN, ZÜRICH.

Kaiser Karl I.
und Kaiserin Zita

DER VERTRIEBENE UND DIE EWIG-GESTRIGE

WER

Karl I., Kaiser von Österreich und König von Ungarn, geboren als Carl Franz Joseph Ludwig Hubert Georg Otto Maria von Österreich. Zita, letzte Kaiserin (Kaisergattin) von Österreich und Königin (Königsgattin) von Ungarn, geboren als Zita Maria delle Grazie Adelgonda Micaela Raffaela Gabriella Giuseppina Antonia Luisa Agnese von Bourbon-Parma.

WANN

Er wurde geboren am 17. August 1887, sie am 9. Mai 1892. Er stirbt am 1. April 1922 auf Madeira, sie am 14. März 1989 in Zizers (GR).

WAS

Karl I. regierte zwei Jahre das Kaiserreich Österreich-Ungarn. Weil er aber nie abdankte, trug auch sie ihren Titel bis an ihr Lebensende.

WIE

Kaiser Karl I. von Habsburg war politisch eine eher schwache Figur, sodass Zita zeitweise politikprägend war.

BEZUG ZUR SCHWEIZ

Das Ehepaar kam 1919 ins Schweizer Exil, wohnte bis Oktober 1921 in Rorschacherberg, Prangins und Hertenstein. Schliesslich lebte Zita von 1962 bis zu ihrem Tod 1989 in Zizers.

Wie der österreichische Kaiser mit seiner Familie in die Schweiz flieht. Warum Kaiser Karl I. von hier aus zwei Putschversuche plant. Wie Kaiserin Zita später in die Schweiz zurückkehrt. Und wo sich die Herzen der beiden bis heute befinden.

Es ist der 24. März 1919, die wilde Zeit nach dem Ersten Weltkrieg. Im Grenzbahnhof Buchs sind die österreichischen Eisenbahnwaggons allesamt von Wetter und Krieg lädiert, nur ein einziger Passagierwaggon scheint von der Zeit unberührt. Dieser schwarz polierte Salonwagen fällt sofort auf. Darin sitzen Karl I., Kaiser von Österreich und König von Ungarn, und seine Gattin Kaiserin Zita, Herzogin von Bourbon-Parma. Sie reisen unfreiwillig, denn sie müssen ihr Land zwangsweise verlassen.

Aus dem Zugfenster sehen sie heimreisende Österreicher, die ihnen «Es lebe der Kaiser!» zurufen oder «Auf Wiedersehen in der Heimat!». Einer der nach Hause reisenden Österreicher ist der Schriftsteller Stefan Zweig, der diesen Moment im Buch «Die Welt von Gestern» festhält: «Da erkannte ich hinter der Spiegelscheibe des Waggons hoch aufgerichtet Kaiser Karl und seine schwarz gekleidete Gemahlin Zita. Ich schrak zusammen. Es war ein historischer Augenblick, den ich erlebte – und doppelt erschütternd für einen, der in der Tradition des Kaiserreichs aufgewachsen war.»

Tatsächlich ist es ein besonderer Moment: Der letzte habsburgische Kaiser muss sein Reich verlassen. Und dies nach 650 Jahren österreichischer Herrschaft des Hauses Habsburg! Kaiser Karl I. hat nach dem verlorenen Krieg alle Regierungsgeschäfte abgegeben, nicht aber den Thron. Weil er nicht offiziell abdankt, muss er ins Exil. Damit widerfährt ihm dasselbe wie dem deutschen Kaiser Wilhelm II.; dank der Deutschfreundlichkeit von Königin Wilhelmina der Niederlande findet dieser auf Schloss Doorn bei Utrecht sicheren Unterschlupf.

Mitverantwortlich für Kaiser Karls Gang ins Exil ist seine Gattin Zita, die «Matriarchin», wie die Kaiserin aufgrund ihres starken Einflusses auf ihren Mann genannt wird. Sie hat ihrem Gatten eingebläut: «Niemals kannst Du abdanken. Niemals kann ein Herrscher abdanken.» Sie war es auch gewesen, die während des Kriegs über ihren Bruder den Kontakt zum Kriegsgegner Frankreich geknüpft hatte. Das bescherte dem Haus Österreich eine handfeste Politaffäre. Seither gilt Zita im Habsburger Reich als «die Französin» oder als «die Italienerin» – was in diesen Kriegs- und Nachkriegsjahren Schimpf und Schande bedeutet.

Als das illustre Paar wenige Minuten zuvor durch Feldkirch fuhr, unterschrieb Kaiser Karl I. eiligst das «Feldkircher Manifest» – den Widerruf seines Verzichts auf die Regierungsbefugnis. Ebenfalls unter dem Druck seiner Frau. Allerdings gelangte das «Feldkircher Manifest» nicht an die österreichische Öffentlichkeit, sondern nur an den Papst und an ausgewählte Staatsoberhäupter in Europa. Es war quasi ein Verzicht auf den Verzicht für die Akten.

ER DENKT WIE EIN ZEHNJÄHRIGER

Die etwas merkwürdige Episode zeigt: Kaiser Karl I. ist beeinflussbar und wankelmütig. Gerade mal zwei Jahre ist Karl Kaiser von Österreich gewesen, er hat mitten im Ersten Weltkrieg und eher überraschend den 1916 verstorbenen Franz Joseph beerbt. Sein ehemaliger Ministerpräsident Ernest von Koerber fällt ein vernichtendes Urteil über ihn: «Kaiser Karl ist 30 Jahre alt, sieht aus wie ein 20-Jähriger und denkt wie ein 10-Jähriger!»

Weggenossen beschreiben Karl I. als persönlich freundlich, mild, höflich und zugänglich, aber auch als chronisch unpünktlich, unaufrichtig, wankelmütig und unüberlegt. Er ist naiv und völlig unvorbereitet Kaiser und Herrscher über ein Reich mit fünfzig Millionen Menschen geworden.

Schauen wir etwas genauer hin, wie es Karl und Zita nun in der Schweiz ergeht. Am Grenzbahnhof in Buchs nehmen ein Legationsrat und ein Oberst als offizielle Vertreter der Schweiz die österreichischen Blaublüter in Empfang. Dabei untersagen die Schweizer Delegierten dem Ex-Kaiser und der Ex-Kaiserin jegliche politische Tätigkeit im Schweizer Exil. Zudem richten sie die besten Wünsche des Bundespräsidenten aus – dass dieser keine Zeit findet, um Karl und Zita zu empfangen, zeigt den steilen gesellschaftlichen Abstieg, auf dem sich das Kaiserpaar ohne Kaiserreich befindet. Die *Berner Woche* kommentiert: Es sei «eine Ironie der Geschichte», «dass der Abkömmling der Habsburger Zuflucht findet in dem Lande, aus dem seine Vorväter der demokratischen Kraft haben weichen müssen».

Das Ziel der kaiserlichen Reisegruppe ist das Schloss Wartegg auf dem Rorschacherberg, das Zitas Familie gehört. Schon 1907 war Zita hier zu Gast gewesen. Der Sonderzug fährt ohne Halt von Buchs nach Staad am Bodensee. Als neutrale Begleiter sind englische und schweizerische Offiziere mit dabei. Auf dem letzten, offenen Bahnwagen fährt das Automobil des Kaisers mit.

Um 17.20 Uhr trifft der Zug in Staad ein, der Bahnhofplatz ist «militärisch abgesperrt», wie die *Rorschacher Zeitung* rapportiert. Zitas Mutter, Herzogin Maria Antonia von Bourbon-Parma (1862–1959), nimmt die geflohenen Herrschaften am kleinen Bahnhof in Empfang. Doch das

Gefolge der Habsburger ist so zahlreich, dass nicht alle im Schloss Platz finden und deshalb Wohnungen in Rorschach und Staad bevölkern. Eine dauerhafte Lösung ist das allerdings nicht. Auch der Schweizer Bundesrat sähe aus politischen Gründen lieber einen weniger grenznahen Aufenthaltsort.

Trotz beengter Platzverhältnisse erholt sich der Kaiser am Bodensee vorerst von den Strapazen der letzten Kriegsmonate und den politischen Wirren danach, er geht spazieren und wird in Rorschach von Passanten mit «Grüezi, Herr Kaiser!» angesprochen. Die Kaiserfamilie versucht tapfer, sich im neuen Leben im Exil zurechtzufinden, sie macht Ausflüge in die Umgebung und empfängt Besuch vom Disentiser Benediktinerpater Maurus Carnot (1865–1935), einem Freund der Familie. Das sehr fromme Kaiserpaar stattet auch dem katholischen Kollegium St. Antonius in Appenzell einen Besuch ab. Obwohl diese Visite geheim bleiben soll, finden sich viele Zaungäste ein, die endlich mal eine Kaiserin und einen Kaiser in natura bestaunen wollen, selbst wenn sie gar keine richtigen Kaiser mehr sind. Die Studenten des Kollegiums singen unter anderem das «Alpeliedli» von Pater Franz Huber. Überliefert ist, dass der Kaiser den Dialekttext nicht versteht und sich erkundigt, was ein «Tüpfi» und ein «Chrömli» seien, womit er für grosse Heiterkeit sorgt.

Wieder auf dem Schloss Wartegg, erscheint hoher Besuch: Es sind Abgeordnete von Österreich, der Tschechoslowakei, Jugoslawien und Polen. Sie bieten dem Ex-Kaiser eine horrend hohe Ablösesumme von 184 Millionen Franken für sämtliche zurückgelassene habsburgische Vermögenswerte an. Dafür verlangen sie als Gegenleistung seine endgültige Abdankung. Karl, von seiner Frau beraten, lehnt schroff ab: Er sieht sich als von Gott eingesetzten Kaiser, und als solcher könne er gar nicht abdanken. Er unterschreibt deshalb nichts und erhält keinen einzigen Rappen oder Schilling seines konfiszierten Vermögens.

VOM BODEN- AN DEN GENFERSEE

Das Schloss Wartegg ist für die Kaiserfamilie mit Entourage zu klein. Deshalb sucht der kaiserliche Hofstaat weiter und findet schliesslich eine neue passende Bleibe: Am 20. Mai zieht die Kaiserfamilie mit ihrem grossen Gefolge an den Genfersee in eine Villa des Schlosses Prangins bei Nyon. Hier wohnt nicht nur die kaiserliche Familie, sondern auch die Mutter des Kaisers, Maria Josepha, ausserdem ein Oberst, verschiedene Gräfinnen, ein Baron, ein Fregattenkapitän und unzählige Bedienstete. Zita und Karl leben noch immer wie am Hof. Die Tagesabläufe sind zeitlich genau festgelegt: Morgens um 7 Uhr werden der Kaiser und die Kaiserin geweckt, um 12 Uhr steht das Mittagessen auf dem Tisch, um 16 Uhr ist der Tee bereit, nur das Abendessen ist nicht genau terminiert und wird auf allenfalls erscheinende Gäste abgestimmt.

In Prangins findet das kaiserliche Ehepaar wieder Zeit für Zweisamkeit. Zwei Kinder kommen in der Schweiz zur Welt, am 5. September 1919 Rudolf, am 1. März 1921 Charlotte. Die Familie besucht Ausflugsorte in der ganzen Schweiz, reist unter anderem zu ihrem ursprünglichen Stammsitz, der Habsburg im Aargau, zudem auch ins Kloster Heiligkreuz in Cham im Kanton Zug, nach Fribourg, aber auch nach Disentis.

Das Leben in der Schweiz mit dem Hofstaat und den Reisen kostet Geld, das der gestürzte Kaiser nicht hat, zumal er auf die angebotene Ablösesumme verzichtet hat. Er ist bloss mit 7000 Franken Bargeld eingereist. Allerdings hat sein Oberstkämmerer Leopold Graf Berchtold in weiser Voraussicht im November 1918 in vier grossen Koffern die privaten Bestände der kaiserlichen Schatzkammer sowie kaiserliche Kronjuwelen von Wien zur Schweizerischen Nationalbank gebracht. So lässt die Kaiserfamilie über abenteuerliche Kanäle immer wieder eines ihrer Schmuckstücke verkaufen, damit genügend Bargeld zur Verfügung steht.

Der erste Zufluchtsort des österreichischen Kaiserpaars in der Schweiz: das Schloss Wartegg auf dem Rorschacherberg.

Die zweite Station in der Schweiz (oben): Zita und Karl I. kamen in einer Villa von Schloss Prangins unter.

Der dritte Exilort: das malerische Schlosshotel Hertenstein bei Weggis am Vierwaldstättersee.

Das St.Johannes-Stift im bündnerischen Zizers: Hier setzte sich Ex-Kaiserin Zita zur Ruhe.

Auch wenn das Leben des abgehalfterten Kaisers nach aussen sehr geruhsam wirkt, ist Karl doch politisch tätig, was ihm eigentlich nicht erlaubt wäre. Seine Frau ermuntert ihn dazu. Der Ex-Kaiser korrespondiert mit dem Papst und vor allem mit Monarchen und Ministern in ganz Europa. Dabei bemüht er sich wortreich darum, dass Österreich nicht komplett zerstückelt wird. Er sondiert ständig nach Möglichkeiten, sich als König und Kaiser wieder ins Spiel zu bringen. Auch setzt er sich wiederholt für die Heimkehr von österreichischen Kriegsflüchtlingen ein.

Um innerhalb des Habsburger Familienclans klare Verhältnisse zu schaffen, beruft Karl für den 27. Oktober 1919 ein Treffen der Vertreter der Familie Habsburg ein: Die Erzherzöge Max, Friedrich, Albrecht und Eugen kommen nach Olten und fällen den Beschluss, Karl als ihr Oberhaupt des Hauses Österreich anzuerkennen. Sie distanzieren sich damit von Familienmitgliedern, die eine Verzichtserklärung auf habsburgische Ansprüche geleistet haben.

In der Folge läuft die Geheimdiplomatie des Ex-Kaisers auf Hochtouren, denn dieser heckt waghalsige Pläne aus. Am Morgen des Gründonnerstags am 24. März 1921 besucht er den Gottesdienst. Anschliessend gibt er vor, es sei ihm nicht wohl, und zieht sich zurück – eine Finte! Statt sich auszuruhen, reist Karl von Prangins in Richtung Jura, wo er zu Fuss die grüne Grenze überquert. Bei Gex wartet ein Auto, das ihn nach Strassburg bringt. Er trägt zwei gefälschte Pässe auf sich, einen spanischen, lautend auf Sanchez, und einen des amerikanischen Roten Kreuzes, ausgestellt auf den Namen William Codo. In Strassburg besteigt er den Nachtzug nach Wien. Dort übernachtet er bei einem befreundeten Grafen und reist dann weiter nach Ungarn, getarnt mit Autobrille und Schminke wie an einem Faschingsball. Endlich trifft er an seinem Reiseziel Budapest ein.

Hastig beruft er ein Gipfeltreffen mit führenden Politikern Ungarns ein. Dabei zeigt sich rasch, dass Karl seine Position völlig verkannte. Er hatte an eine friedliche Machtübergabe der ungarischen Regierung an ihn geglaubt – und steht nun mit dieser Einschätzung fast alleine da. Sein Putsch scheitert kläglich.

Karl kehrt daraufhin reumütig an den Genfersee zurück. Der missratene Putschversuch hat unterdessen auch in der Schweiz für Schlagzeilen und Irritationen gesorgt. So reicht etwa der links politisierende Robert Grimm eine Interpellation im Nationalrat ein. Darin stellt er sich offen gegen ein weiteres Asyl des Kaisers in der Schweiz, dieser habe sein Gastrecht für politische Händel missbraucht. Das trifft ja auch zu. Doch der Bundesrat bekräftigt das Asylangebot. Der Waadtländer Staatsrat hingegen entscheidet anders und erklärt den Kaiser in seinem Kantonsgebiet zur unerwünschten Person.

AUS NAIVITÄT MILLIONEN VERLOREN

Deshalb muss die kaiserliche Familie im April 1921 wieder einen neuen Aufenthaltsort suchen. Dazu reist sie in die katholische Innerschweiz, die weit genug von der Grenze entfernt ist. Zita, Karl und ihr Gefolge treffen zuerst in Luzern ein, im Grandhotel National, für die Reisenden nur eine Durchgangsstation. Von dort geht es weiter ins Schlosshotel Hertenstein bei Weggis, dem markanten Gebäude mit Treppengiebel und Türmchen direkt am See. Es ist gross genug, um die Familie mit ihrem rund hundertköpfigen Hofstaat zu beherbergen. Karl teilt dem Bundesrat mit, dass er beabsichtige, nur noch drei bis vier Monate im Land zu bleiben – doch schliesslich werden es sechs Monate am Vierwaldstättersee. Die Rechnung für das Schlosshotel allein beläuft sich auf mehr als 100000 Franken.

In den Medien sind die Meinungen geteilt: Ist das Exil des Kaisers, wie es heisst, ein «wichtiger Beitrag zur Erhaltung des Friedens in Europa»? Oder eher das Gegenteil? Dem eilig aus Bern angereisten Staatssekretär versichert der ehemalige Monarch, sich «jedwelcher politischen Tätigkeit» zu enthalten. Das ist zwar eine schamlose Lüge, welche die Schweizer Regierung jedoch akzeptiert, so lange mögliche Unternehmungen seinerseits nicht nach aussen dringen.

Für Aufregung sorgt am 1.August eine Entlebucher Gesangsgruppe, die einen «spontanen Einfall» hat: Sie singt am Schweizer Nationalfeiertag vor dem Schlosshotel ein paar Lieder als Hommage an die Kaiserfamilie, unter anderem die alte, österreichische Nationalhymne von Joseph Haydn. Der Ex-Kaiser und die Ex-Kaiserin erscheinen mit dem Gefolge auf dem Balkon und an den Fenstern und winken den Sängerinnen und Sängern freundlich zu. Als sich in der Öffentlichkeit darüber Ärger breitmacht, ausgerechnet am Schweizer Nationalfeiertag einem ausländischen Monarchen zu huldigen, erklärt ein Musikexperte, es habe sich nicht um «Gott erhalte Franz den Kaiser» gehandelt, sondern um ein anderes Lied, das diesem zum Verwechseln ähnlich klinge...

In die Hertensteiner Zeit fällt eine weitere Episode, die den Ex-Kaiser wieder von seiner eher naiven Seite zeigt. Karl lässt Wertpapiere aus Österreich in die Schweiz schmuggeln und von einer Zürcher Finanzgesellschaft verhökern. Dummerweise geht der beauftragte Finanzjongleur Oswald A.Schlegel plötzlich in Konkurs – Karl verliert 16 Millionen Kronen, sein Bruder Max 4 Millionen. Die Blaublüter schreiben die Millionen stillschweigend ab, um kein Aufsehen zu erregen und nicht dumm dazustehen.

Die kaiserlichen Kinder kümmert das väterliche Finanzgebaren nicht, sie leben sich am Vierwaldstättersee gut ein. Die Söhne Otto und Robert ministrieren in der Hauskapelle des nahen Instituts Stella Matutina. Auch der Rest der Familie und der Hofstaat richten sich auf einen längeren Aufenthalt ein, im Schlosshotel wird sogar eine elektrische Heizung für den kommenden Winter eingebaut.

Und wieder hält sich Karl nicht an die ihm auferlegte politische Abstinenz. Die Drähte der Schattendiplomatie laufen erneut heiss. Der gestürzte Kaiser bereitet von Hertenstein aus den nächsten Putschversuch in Ungarn vor, obwohl er permanent bewacht wird. Aber der Luzerner Wachtmeister Fritz Huwiler drückt am 20. Oktober 1921 beide Augen zu, als Zita und Karl ihre Koffer packen und mühelos von Hertenstein nach Dübendorf reisen, wo sie eine Junkers F13 der Fluggesellschaft Ad Astra Aero besteigen und nach Ungarn fliegen.

Auch dieser Umsturzversuch misslingt kläglich; das kaiserliche Ehepaar hat seine Position schon wieder massiv überschätzt. Zita und Karl werden in Budapest verhaftet und in Arrest genommen. Doch Detektiv Huwiler, der faktisch als Fluchthelfer fungierte, erhält eine wertvolle, goldene Taschenuhr mit einer Zifferblattabdeckung geschenkt, die mit der Kaiserkrone und einem Brillanten besetzten «K» verziert ist. Sie ist heute im Kloster Muri ausgestellt.

Zita und Karl dürfen nach dieser Episode nicht mehr zurück in die Schweiz, sie haben ihr Bleiberecht nun endgültig verscherzt. Ihre sieben Kinder sind noch immer im Schlosshotel Hertenstein; man bringt sie nun vom Vierwaldstättersee ins Schloss Wartegg an den Bodensee.

Das kaiserliche Ehepaar wird von den ungarischen Polizeibehörden auf ein Schiff gebracht, das die Donau hinab bis in die Türkei fährt. Von dort geht es weiter durchs Mittelmeer auf die Atlantikinsel Madeira. Der Gedanke, der dieser Reise zugrunde liegt: Das Exil soll so weit von Österreich entfernt liegen, dass der gewesene Kaiser nicht nochmals einen Putschversuch lancieren kann. Am 19. November treffen Zita und Karl in Funchal auf Madeira ein. Die Kinder müssen noch in der Schweiz bleiben und reisen erst im Februar 1922 nach.

Nach dem verlorenen Weltkrieg und nach den zwei gescheiterten Putschversuchen geht es dem Kaiser auf der portugiesischen Atlantikinsel Madeira nicht gut. Er, der schon zuvor eine schwache Gesundheit hatte, ist immer wieder krank und erleidet nun sogar eine Lungenentzündung, die ihn ernsthaft schwächt. Am 1. April stirbt Karl I. in seinem 35. Lebensjahr. Zita ist nun sehr früh Witwe geworden, hat sieben Kinder und erwartet das achte. In den kommenden 67 Lebensjahren wird sie nur noch schwarze Kleider tragen.

DIE EISERNE LADY

«Kaiserin Zita», wie sie sich nach wie vor nennt, lebt danach in Spanien, Belgien, Kanada und Luxemburg, sie zieht ihre acht Kinder gross, reist viel umher, hält Vorträge über das Haus Habsburg und sammelt in Krisenzeiten Geld für Hilfswerke.

Machen wir einen Zeitsprung in die 1960er-Jahre, Zita ist mittlerweile siebzigjährig. Immer mal wieder versucht sie, ihren Sohn und Rechtsnachfolger Otto von Habsburg als Monarchen oder wenigstens als Kanzler vorzuschlagen. Sie selbst beharrt all die Jahre und Jahrzehnte darauf, «Kaiserin Zita» zu sein und will mit «Ihre Majestät« angesprochen werden. Sie verzichtet nie auf ihren Thronanspruch und dankt formell nicht ab.

Deshalb ist es ein grosser Bruch mit der Familiengeschichte, als ihr erstgeborener Sohn Otto von Habsburg 1961 formell auf alle Thronansprüche verzichtet – ausdrücklich gegen den Willen seiner Mutter. Otto nennt sie in Interviews «eine eiserne Dame» und vergleicht sie mit «Iron Lady» Margaret Thatcher: «Meine Mutter war aus dem gleichen Holz geschnitzt.»

Nach Ottos Verzichtserklärung wirkt Zita vom vergeblichen Kampf um das Haus Habsburg müde. Der konservative Bischof von Chur, zu dem sie gute Beziehungen pflegt, rät ihr 1962, sich im bündnerischen Zizers in der Schweiz niederzulassen. Konkret schlägt er das St. Johannes-Stift im ehemaligen Schloss der Bündner Adelsfamilie von Salis vor, das mit dem runden Kuppelturm von Weitem zu sehen ist. Zita weilt damals gerade mit Enkel Lorenz in Davos, der sich dort von seinem Asthma erholen soll. Zizers liegt nahe der österreichischen Heimat und ist gut erreichbar für ihre Kinder, die in Oberbayern, München, in der Steiermark, in Paris und Brüssel wohnen.

Deshalb stimmt Zita dem Vorschlag des Bischofs zu. Ab 1962 bewohnt sie nun mit ihrer Schwester Isabella Prinzessin von Bourbon-Parma und mit Gräfin Kerssenbrock drei schlichte Zimmer mit Veranda im zweiten Stock. Das St. Johannes-Stift ist eine Art Altenheim. Zita hat hier keine Privilegien ausser einem eigenen Speiseraum.

Jeden Morgen besucht sie mit den anderen Hausbewohnern die Messfeiern in der grossen Hauskapelle. Beim Spazieren geht sie – schwarz gekleidet und mit Hut – zuweilen in die Dorfbäckerei, wo sie einen «Striezel», einen Hefezopf verlangt. Offenbar kann sie von Zizers aus die Berge Österreichs sehen und lässt sich zuweilen in Richtung der österreichischen Grenze fahren, wo sie noch mehr von ihrer alten Heimat zu sehen bekommt. Gelegentlich wird sie von einem Auto für ein Mittagessen auf Schloss Vaduz abgeholt und jeweils am Ostertag für ein Treffen mit Bischof Johannes Vonderach in Chur.

Zita von Bourbon-Parma feiert in Zizers ihren 80. Geburtstag zusammen mit Kardinal József Mindszenty. Ihren 90. begeht sie mit Bischof Bruno Wechner von Feldkirch und den 95. feiert sie mit Bischof Vonderach von Chur, umgeben von 86 Familienangehörigen. Weil die Habsburger Nachkommen so zahlreich sind, findet dieses Fest nicht im Schloss von Zizers statt, sondern in der gewöhnlichen Turnhalle der Gemeinde.

An ihrem 90. Geburtstag bekommt Zita endlich die Erlaubnis, erstmals seit 1919 wieder nach Österreich zu reisen. Obwohl sie noch immer nicht auf ihre Ansprüche verzichtet, erlaubt der österreichische Kanzler Bruno Kreisky die Reise in ihre alte Heimat. Zita hat sich, einmal mehr, durchgesetzt und meint: «Kein Mensch kann erahnen, was das für mich bedeutet.»

Nach 63 Jahren Verbannung reist sie 1982 erstmals wieder nach Österreich. Als Zita nach Wien kommt, jubeln ihr Tausende zu. Auch in Mariazell, Innsbruck und Lienz wird sie mit «Hurra»-Rufen empfangen. Es ist ein später Triumphzug für die alte Monarchin. Schliesslich weilt sie für ein paar Wochen bei der Familie ihrer Tochter Elisabeth Prinzessin von Liechtenstein auf Schloss Waldstein bei Graz.

Nach dieser Genugtuung verbringt die neunzigjährige Frau einen geruhsamen Lebensabend in Zizers. Sie, die so gerne gelesen und unzählige Briefe geschrieben hat, leidet an abnehmendem Sehvermögen und erblindet allmählich ganz. Eine Frau aus dem Dorf besucht Zita regelmässig, um ihr die Zeitung vorzulesen. Zita hat übrigens nirgends so lange gelebt wie in Zizers, nämlich 27 Jahre. Schliesslich stirbt die Monarchin am 14. März 1989 im Alter von 96 Jahren, als Mutter von 8 Kindern, Grossmutter von 32 Enkelkindern und Urgrossmutter von 48 Urenkelkindern.

EINE HERZENSANGELEGENHEIT

Ihr Leichnam wird zuerst nach Chur ins Kantonsspital gebracht. Dort wird er einbalsamiert, indem das Blut durch Formalin ersetzt wird. Zudem entnehmen ihm die Spezialisten das Herz, konservieren es und legen es in einen silbernen Behälter, der speziell dafür angefertigt wurde; das entspricht einer habsburgischen Gepflogenheit, die auf Normalsterbliche etwas seltsam wirkt. Danach wird der einbalsamierte Leichnam nach Muri im Freiamt gebracht, wo er während zwölf Tagen aufgebahrt wird.

Zitas Herz übrigens bleibt in der Schweiz. Es wird während einer separaten Trauerfeier in der Loretokapelle im aargauischen Muri beigesetzt. Die Beisetzung des Herzens ist quasi eine Herzensangelegenheit, sodass die Klosterkirche auch bei dieser Feier übervoll ist. Deshalb finden die vielen Kinder des Hauses Habsburg keine Sitzplätze. Sie müssen während des ganzen Gottesdienstes auf dem harten Boden knien.

Zitas Leichnam reist weiter. Am 22. März wird in Chur ein Pontifikalrequiem gefeiert, bevor die sterblichen Überreste nach Wien überführt werden. Dort wird die Leiche im Stephansdom aufgebahrt. Über 150000 Menschen tragen sich in Wien in die Kondolenzbücher ein, eine unglaublich hohe Zahl, wenn man bedenkt, dass Zita nur zwei Jahre Kaiserin war, nämlich von 1916 bis 1918. Zum Requiem im Dom strömen Tausende, und Zehntausende säumen die Strassen, als sechs schwarze Hengste den kaiserlichen Hofleichenwagen durch die Innenstadt Wiens ziehen. Die Fernsehstationen in ganz Europa übertragen die fünfstündige Trauerfeier live.

Die längst tot geglaubte Habsburgermonarchie scheint der Welt aus Zitas Sarg gleichsam ein letztes Mal sanft zuzuwinken.

«Es sind nicht alle gleich, die mit dem Kaiser reiten.»

REDEWENDUNG

Haile Selassie,
Kaiser von
Abessinien

DER SCHWARZE KAISER INMITTEN VON WEISSEN

WER
Haile Selassie. Er hiess ursprünglich Ras Tafari Mahonnen.

WANN
Geboren am 23. Juli 1892 in Edjersso, gestorben unter ungeklärten Umständen am 25. August 1975 in Addis Abeba in Äthiopien.

WAS
Er war Regent von Äthiopien (1916–1930), Kaiser von Abessinien (1930–1936, 1941–1974) und «Negus Negesti» (König der Könige), er nannte sich den 225. Nachfolger des Königs Salomon.

WIE
Während seiner Regierungszeit modernisierte er sein Land, auch mit der Hilfe des Westens. Im Verlauf der langjährigen Regentschaft kamen vermehrt Stimmen auf, die den Kaiser als rückständigen Autokraten kritisierten. Mit seiner Absetzung 1974 fand ein 3000 Jahre altes Kaiserreich sein Ende. Für die Anhänger der weltweit verbreiteten Rastafari-Glaubensrichtung lebt er weiter, sie verehren ihn als Messias.

BEZUG ZUR SCHWEIZ
Haile Selassie besuchte die Schweiz drei Mal: 1924, 1936 und 1954. Zudem soll er mehrmals für Arztbesuche kurz in der Schweiz gewesen sein.

Wie der äthiopische Kaiser Haile Selassie 1954 die Schweiz bereist. Warum er den «Roten Pfeil» benützt und wie er erfrischende Exotik verströmt. Wieso er mit der Schweiz auch ungute Gefühle verbindet. Und warum er geradezu freundschaftlich mit Waffenhersteller Bührle verbunden ist.

Im neuen Badezimmer im barocken Landschloss Jegenstorf steht seit 1954 eine vergoldete Badewanne. Der Einbau kostete 18000 Franken, ein für die damalige Zeit hoher Preis. Auch die Zentralheizung wurde revidiert, und die Küche mit einem neuen Elektrobackofen und einem Kühlschrank ausgestattet. Schliesslich lieh die Schlossverwaltung repräsentative Möbel im Historischen Museum Bern aus und mietete edle Teppiche hinzu.

Es ist offensichtlich: Die offizielle Schweiz und der Stand Bern wollen sich nicht lumpen lassen, wenn vom 25. bis 28. November 1954 Kaiser Haile Selassie zu Besuch kommt und im bernischen Schloss Jegenstorf logiert. Der Kaiser wirkt etwas einschüchternd mit seinen eindrucksvollen Titeln «Der siegreiche Löwe aus dem Stamme Juda», «Der König der Könige», «Der Auserwählte Gottes» und «Der Kaiser von Äthiopien». In den Schweizer Medien wird er der Einfachheit halber «Negus» genannt, was jedoch herabsetzend ist, da der Begriff König bedeutet und viele Stammesälteste in Äthiopien Könige sind. Der in die

Schweiz reisende Kaiser ist jedoch der «Negus Negesti», der «König der Könige». Sein privater Name Haile Selassie bedeutet übrigens «Die Macht der Dreieinigkeit», er hat ihn in aller Unbescheidenheit selbst gewählt und trägt ihn seit seiner Krönung 1930.

Selassies Land heisst Äthiopien; Abessinien ist ein Teil davon. Das ganze Land Äthiopien ist so gross wie Deutschland, Frankreich, Belgien, die Niederlande und die Schweiz zusammen. Weil es hügelig ist und nie kolonialisiert wurde, nannte es der bekannte Schweizer Afrikaforscher Werner Munzinger-Pascha «die afrikanische Schweiz». Im Gegensatz zur Schweiz ist Äthiopien sehr dünn besiedelt und gilt als Land der Märchen und Wunder.

Wunderliches erlebt nun auch die Schweiz, als der Kaiser zu Besuch kommt. Denn Kaiser gibt es 1954 auf der Welt nicht mehr viele: Der habsburgische Kaiser Karl I. ist ebenso im Exil verstorben wie der deutsche Kaiser Wilhelm II. Der 62-jährige Selassie ist der einzige Kaiser, der noch wirklich über ein Land herrscht. Das führt zu Ver- und vor allem zu Bewunderung.

Nun bereist dieser Kaiser die Schweiz. Bei seiner Ankunft in Basel wird der «König der Könige» auf Perron eins von Bundesrat Max Petitpierre, lokaler Prominenz und viel Militär empfangen. Die sonst so nüchternen Basler Bahnhofshallen sind mit Blumen, Lorbeerkränzen und Fahnen geschmückt, und auf dem Perron liegt ein riesiger Teppich mit dickem Flor ausgebreitet. Der Kaiser wirkt mit seinem hohen Zweispitzhut, von dem das Löwenhaar wallend herunterfällt, mit den farbigen Orden und dem Krummsäbel wie aus einer anderen Welt und einer anderen Zeit. Das offizielle Händeschütteln führt die scheinbar getrennten Welten zusammen, danach schmettert die Militärkapelle die abessinische Landeshymne. Der Kaiser schreitet salutierend die 140 Mann umfassende Ehrenkompanie ab und zwei Basler Trachtendamen – von denen eine früher als Lehrerin in Äthiopiens Hauptstadt Addis Abeba gewirkt hat – überreichen ihm grosse Blumensträusse. Wenige Minuten nach der Ankunft geht die kaiserliche Tour de Suisse bereits weiter, der hohe Gast besteigt den «Roten Pfeil», die elegante Zugsformation RAe 4/8 1022 der Schweizerischen Bundesbahnen, die erst seit einem Jahr in Betrieb ist. Der sogenannte Doppelpfeil besticht durch seine besonders luxuriöse Innenausstattung und führt den Kaiser in den nächsten Tagen quer durch die Schweiz.

Der Kaiser von Äthiopien kommt mit seiner rund zwanzigköpfigen Entourage und seinem 3000 Kilogramm schweren Gepäck im Landschloss Jegenstorf unter, während er tagsüber ein dichtes Reise- und Ausflugsprogramm durch die Schweiz absolvieren wird.

Nach der Ankunft auf dem Schloss gibt es einen märchenhaften Empfang für 250 Personen und ein exklusives Diner für dreissig geladene Gäste: Dabei serviert das Personal des noblen Berner Hotels Bellevue ein aufwendiges Sechs-Gang-Menü mit erlesenen Zutaten und köstlichen Weinen. Doch der äthiopische Kaiser ist weder ein geniesserischer Weinkenner noch ein grosser Esser; während andere dem Champagner und gut gelagertem Wein zusprechen, begnügt er sich mit Fruchtsaft. Zu Ehren des hohen Gasts spielt das Stadttheater Bern Ausschnitte aus Richard Wagners Oper «Lohengrin» und aus Richard Strauss' Operette «Der Rosenkavalier».

Nach dem Festessen ruht sich der Kaiser im ersten Stockwerk des Schlosses aus, in einem Zimmer mit Blick auf den Schlossweiher und den Park. Dutzende von Soldaten, Polizisten, Detektiven und Wachhunden sichern das Anwesen und damit den Aufenthalt des Kaisers. Der Bodyguard des Kaisers, der ihm zugeteilte Berufsoffizier Heinrich Städeli, weicht nicht von der Seite des hohen Gasts. Dazu eine kleine Anekdote: Als der Kaiser mit dem Bundesrat ins Gespräch vertieft ist, schnappt sich Offizier Städeli ein Souvenir. Er reisst aus dem kaiserlichen Zweispitz heimlich eines der echten Löwenhaare. Sorgfältig wird er dieses während Jahrzehnten in einem Umschlag aus Zellophan aufbewahren.

Der Staatsbesuch des äthiopischen Herrschers ist ein präzise durchkomponiertes Grossereignis. Es ist übrigens erst das siebte Staatsoberhaupt, das die Schweiz besucht, und Haile Selassie ist nach dem etwas wunderlichen deutschen Kaiser Wilhelm II. (siehe Seite 209ff.) der zweite Kaiser in offizieller Mission.

100 000 SCHAULUSTIGE IN BERN

Auf dem Programm des Staatsbesuchs stehen Abstecher nach Bern, Zürich, Baden und Genf. Der Kaiser bringt mit seinen farbigen Uniformen, den goldbesetzten Orden, den ornamentalen Hüten mit echtem Löwenhaar und der dunklen Hautfarbe Exotik und Abwechslung in den grauen Schweizer November. Die Zeitungen berichten täglich und detailliert über den Kaiserbesuch, und die *Schweizer Illustrierte* bringt sogar eine Extraausgabe heraus und interpretiert jedes Detail: «Die absolute Unbewegtheit der fast zierlich zu nennenden Gestalt mit den feingliedrigen Händen gibt der Erscheinung im Stehen wie im Sitzen etwas vollkommen Sicheres und Abgeschlossenes.»

Das Interesse am hohen Besuch ist immens. In der Stadt Bern jubeln dem Kaiser mehr als 100 000 Schaulustige zu, sie schwenken Fähnchen und rufen «Hurra!», als Haile Selassie winkend in der offenen Kutsche durch Berns Altstadtgassen fährt. Am Strassenrand jubeln auch viele Kinder, die sogar schulfrei haben. Geleitet von Polizisten auf Pferden und einem Kavallerieschwadron ziehen vier Pferde den Landauer, in dem der Staatsgast sitzt. Viele Zeitzeugen können sich später lebhaft an den Kaiser aus Afrika erinnern und erzählen noch Jahrzehnte davon.

Damit der Kaiser an diesem grauen Novembertag nicht friert, haben die umsichtigen Schweizer Gastgeber vorgewärmte Ziegelsteine in die offene Kutsche gelegt. Vor dem

Bundeshaus fährt der Konvoi noch eine Platzrunde, bevor Stadtmusik, Ehrenkompanie und Bundesrat den hohen Gast in Empfang nehmen.

Diese offen gezeigte Begeisterung für den Kaiser ist auch eine Art Wiedergutmachung der Schweiz. Denn Haile Selassie hat zuvor zwei Mal schlechte Erfahrungen in der Schweiz gemacht. Blenden wir kurz zurück.

Das erste Mal war er 1924 in der Schweiz gewesen, er hiess damals noch «Ras Tafari Mahonnen», war weder König noch Kaiser, sondern «nur» Regent unter Kaiserin Zaudita. Im Rahmen einer längeren Auslandsreise mit Abstechern nach Frankreich, Italien, England und Schweden kam er damals nach Genf. Doch musste er Hals über Kopf in seine Heimat zurückreisen, weil ein Staatsstreich geplant war, bei dem man ihn absetzen wollte. Er kam gerade noch rechtzeitig zu Hause an und blieb an der Macht.

Auch seine zweite Schweizer Reise führte ihn nach Genf. Inzwischen war er bereits Kaiser und kam 1936 als Bittsteller zur Versammlung des Völkerbunds, dem damals einzigartigen supranationalen Forum. Italien unter dem faschistischen Diktator Benito Mussolini hatte Abessinien mit Giftgas bombardiert, besiegt und annektiert. Kaum trat Haile Selassie in Genf ans Rednerpult, gellten Pfiffe durch das Palais des Völkerbunds: Es waren italienische Journalisten, die von der Pressetribüne pfiffen und den Redner mit Zwischenrufen störten – eine Respektlosigkeit sondergleichen, dessen war man sich einig. Unter grosser Aufregung eilten Polizisten zur Tribüne und nahmen die störenden Journalisten nach einem unrühmlichen Handgemenge fest. Erst dann konnte der Kaiser weitersprechen und verlangte von den Grossmächten rigorose Massnahmen und wirksame Sanktionen gegen den Aggressor Italien.

Zwar löste die Rede auf der ganzen Welt eine starke Wirkung aus, aber nur moralisch. Die bewegende Ansprache veranlasste die Staatsmänner keineswegs, Äthiopien wirklich zu helfen. Tatsächlich bedeutete die Abfuhr für den Kaiser einen Verrat an der Idee des Völkerbunds. Das System kollektiver Sicherheit, das der Völkerbund gerade kleineren Staaten bieten sollte, versagte hier komplett; Selassies Zurückweisung stellte den Anfang vom Ende des Völkerbunds dar.

Der «König der Könige» sondierte im Anschluss an die Rede, ob wenigstens für ihn persönlich ein Exil in der neutralen Schweiz möglich wäre. Doch der Bundesrat lehnte etwas gewunden ab: «Die Einräumung eines dauernden Gastrechts an ein fremdes Staatsoberhaupt, das sich selbst im Kriege mit einem unserer Nachbarstaaten betrachtet, müsste zu Unzukömmlichkeiten führen.» Eine Karikatur von damals zeigt Bundesrat Giuseppe Motta, der als Mussolini-Bewunderer galt, wie er dem flüchtenden Kaiser die Türe vor der Nase zuschlägt. «Es tuet mir leid, ich dörf niemer ineloh», steht unter der Zeichnung.

IN AMERIKA DER MANN DES JAHRES

Doch nun, 1954, sind die Umstände beim Schweizer Besuch des Kaisers ganz anders. Haile Selassie ist seit 1941 wieder in seiner Heimat und als Kaiser in Amt und Würden. Jetzt soll er einen guten, bleibenden Eindruck der Schweiz gewinnen, dafür wollen die Schweizer Behörden sorgen, unter anderem mit der vergoldeten Badewanne. In den internationalen Gazetten wird Haile Selassie wie ein Politstar gefeiert. Obwohl er ein absolutistischer Herrscher ist, der wie einst der Sonnenkönig Frankreichs Legislative, Judikative und Exekutive dominiert, gilt er als vorbildlicher Vertreter von Fortschritt und der Unabhängigkeit Afrikas. Er ziert als «Man of the Year» das Titelbild des renommierten US-Nachrichtenmagazins *Time* und wird von Präsident Dwight Eisenhower in Washington persönlich empfangen. Der Kaiser hat sein Land ins internationale Bewusstsein gerückt und weiss es geschickt darzustellen.

Öffentlichkeitswirksam bereist er ganz Europa. Warum der Kaiser ein besonderes Interesse an der Schweiz hat, ahnt der Bundesrat wohl kaum.

Der äthiopische Kaiser besucht im Jahr 1954 nicht nur die Schweiz, sondern auch Kanada, Deutschland, England, Frankreich, Jugoslawien, die Niederlande, Schweden und Dänemark. Er wird dabei von Grössen der Zeitgeschichte wie Theodor Heuss, Winston Churchill, Königin Elisabeth, Tito, Königin Juliana oder König Frederik IX. empfangen, er erhält Auszeichnungen wie in Montreal und in Bonn den Ehrendoktor, in Belgrad das Ehrenbürgerrecht, in Paris die Militärmedaille der französischen Ehrenlegion und in London den Hosenband-Orden der englischen Königin. In der Schweiz wird Haile Selassie nicht mit Auszeichnungen bedacht, man beschenkt ihn wohl aber mit drei Uhren.

Der «König der Könige» hat auf seiner kleinen Welttournee eine grosse Mission: Äthiopien soll durch einen kräftigen Modernisierungsschub das fortschrittlichste Land Afrikas werden. Er plant den Ausbau von Strassen, Schienen, Schulen, Spitälern, Energiezentralen und Kommunikationssträngen. Aber sein Land ist sehr arm, die Investitionen kosten Unsummen. Der schlaue Kaiser verzichtet deshalb auf Kredite, die Äthiopien auf ewig verschulden würden. Stattdessen lässt er sich Maschinen liefern, holt europäische Fachleute und vergütet die Lieferungen mit dem Export äthiopischer Waren wie Kaffee, Elfenbein oder mit wertvollen Bodenschätzen wie Gold, Erz, Platin, Kupfer, Schwefel und – besonders interessant – Uran.

Bereits arbeiten Piloten und Lehrer aus Amerika in Äthiopien, englische Offiziere für die Reorganisation der Armee, Ärzte aus Schweden und Ingenieure und Hotelfachleute aus der Schweiz. Sie unterstützen Selassie beim Aufbau seines Landes; im Gegensatz zu den kiffenden Rastafaris aus Jamaika, die ihn wie einen Messias verehren. Er mag bodenständige Schweizer wie André Nicod, der die

S. 285–292
Mit allen Ehren empfangen:
Kaiser Haile Selassie in Basel,
Bern, Zürich – und auf Seite 292
mit Waffenhändler Emil Georg
Bührle.

CREDIT SUISSE
SCHWEIZERISCHE KREDITANSTALT
CREDITO SVIZZERO

SWISS AIR
ZH·5045

kaiserliche Musikkapelle – vierzig bewaffnete Gardisten – ausbildet. Nicod komponierte auch die äthiopische Nationalhymne. Selassies langjähriger Leibarzt ist ebenfalls ein Schweizer, nämlich Erwin Meyenberger. Auch der bekannte Flugpionier und Luftfotograf Walter Mittelholzer, der für die Unfallbilder von Königin Astrid nachts nach London flog (siehe Seite 233ff.), war mit dem Kaiser verbunden: Nach seinem legendären 46-Stunden-Flug von Zürich nach Addis Abeba verkaufte der Pilot dem Kaiser 1934 die dreimotorige Fokker. Mittelholzers populärer Film «Abessinienflug» und die eindrücklichen Fotografien des kaiserlichen Wirkens erinnern daran. Die Schweiz hat damals überhaupt einen guten Ruf in Abessinien, nicht zuletzt dank Ingenieur Alfred Ilg, der von 1897 bis 1907 dort Staatsminister war, den Bahnbau leitete, neue Gebiete erschloss und die Aussenpolitik führte. Kaiser Haile Selassie setzte viele Schweizer in führenden Positionen ein und dürfte der Schweiz sehr gewogen gewesen sein.

Doch anders als frühere gekrönte Häupter, die in der Schweiz auf Staatsbesuch weilten, will der afrikanische Kaiser statt der Bergwelt oder Sehenswürdigkeiten die moderne, industrielle Schweiz sehen. Er interessiert sich für die Errungenschaften der Schweizer Industrie, mit der er ins Geschäft kommen will, und für das Know-how der Nutzung von Wasserkraft, weshalb er in Baden die Kraftwerksbauer Brown Boveri & Cie. besucht. In Zürich besichtigt er an der ETH den neuen Hörsaal des Physikalischen Instituts und lässt sich unter anderem einen «photogrammetrischen Apparat» vorführen, also ein neuartiges Bildmessgerät.

Unterwegs säumen immer wieder Zehntausende die Strassen und jubeln jetzt dem Kaiser in Zürich zu. Die Zeitung *Die Tat* rapportiert: «An diesem Freitagvormittag vergassen grosse Teile der Stadtzürcher ihr demokratisches Gewissen, und das seltene Ereignis eines Kaiserbesuchs nahm sie voll gefangen.»

DER FREUND DES WAFFENHÄNDLERS

Ebenfalls in Zürich folgt der wichtigste Teil der kaiserlichen Schweizer Reise: Selassie stattet der Waffenschmiede Bührle einen Besuch ab. Auf dem Fabrikdach wehen Fahnen in den äthiopischen Farben, so auch beim Fabrikeingang, wo zwischen kunstvoll drapierten Girlanden rote und gelbe Herbstblumen leuchten.

So harmlos und friedfertig, wie der kleine, fast zerbrechlich wirkende Kaiser aussieht, ist er in Tat und Wahrheit nicht. Auch wenn er sich aussenpolitisch modern und offen gibt, agiert er innenpolitisch hart bis reaktionär und lässt auch mal einen Aufstand von aufbegehrenden Stammesfürsten eiskalt und blutig niederschlagen. Eine loyale Armee und leistungsfähige Waffen sind dazu unabdingbar. Einen Drittel des schmalen Staatsbudgets setzt er für Rüstung und Militär ein, das ist im internationalen Vergleich überdurchschnittlich viel.

Hier kommt der deutsch-schweizerische Waffenproduzent Emil Georg Bührle (1890–1956) ins Spiel. Bereits seit Dezember 1934 ist Bührle Honorarkonsul Abessiniens in der Schweiz und damit hierzulande der einzige offizielle Vertreter des afrikanischen Staats. Die Ernennung nicht eines unabhängigen Diplomaten, sondern eines Waffenherstellers zum Ehrenkonsul, ist ziemlich aussergewöhnlich.

Doch Äthiopien ist eben ein guter Kunde der Zürcher Waffenfabrik. Im Krieg gegen Italien war Haile Selassie selbst ins Feld gezogen. Ein westlicher Journalist berichtete, wie sich der Kaiser den Stahlhelm aufsetzte und eigenhändig mit einer Flugabwehrkanone der Marke Bührle auf die feindlichen Flugzeuge feuerte.

Die gute Beziehung zur Schweizer Waffenschmiede hielt an. Bührle soll auch später, nach Inkrafttreten des Schweizer Waffenausfuhrverbots, weiterhin Waffen nach Abessinien geschmuggelt haben. Die Vorzugsstellung nutzte Bührle, um mit Bestellungen aus Äthiopien weitreichende Umgehungsgeschäfte einzufädeln. 1948 zum Beispiel lieferten die Zürcher Waffenbauer eine Grossbestellung nach Addis Abeba, bestehend aus 30 Fliegerabwehrkanonen, 20000 Gewehren und 120000 Stück Munition. Doch der äthiopische Gesandte konnte auf Nachfrage nicht belegen, dass die Waffen für sein Land bestimmt waren. Das Eidgenössische Politische Departement vermutete in einem Memorandum vom 18. September 1948, dass die Waffen weiter nach Palästina geliefert wurden.

Angesichts der jahrelangen Geschäftsbeziehungen verwundert es nicht, dass Haile Selassie beim Staatsbesuch 1954 in der Schweiz auch die Werkzeugmaschinenfabrik Oerlikon besucht, wie die Waffenfertigung Bührles offiziell heisst. Emil Georg Bührle gilt dank der guten Geschäfte während des Zweiten Weltkriegs mittlerweile als reichster Schweizer. Beim Rundgang durch die Werkhallen zeigt der Kaiser besonderes Interesse an den Flugabwehrkanonen sowie an einem neu entwickelten Raketengeschütz. In der Folge lässt sich der hohe Besuch in den Schiesskeller von Bührle führen.

Um sich nicht dem Vorwurf der Einseitigkeit auszusetzen, platzierte Bührle im Werkhof andere Schweizer Industrieerzeugnisse, zum Beispiel zwei unverfängliche Gotthardlokomotiven der Schweizerischen Lokomotivfabrik in Winterthur und der Brown, Boveri & Cie. Ob der äthiopische Kaiser schliesslich nach dem Besuch von Bührles Schiesskeller weitere Kanonen bestellt, ist nicht belegt, doch es liegt auf der Hand.

Nach Zürich folgt ein Abstecher Selassies auf den Waffenplatz von Payerne. Dort stellt die Schweizer Luftwaffe ihr Können bei einer Schiessdemonstration des Flugzeugs Venom unter Beweis. Schliesslich steht noch eine Stippvisite in Genf auf dem Reiseprogramm. Dort besucht der Kaiser den Palast der Vereinten Nationen (UNO), der Nachfolgeorganisation des Völkerbunds. Erst dann geht nach vier reich befrachteten Tagen der Staatsbesuch zu Ende.

Der «Negus Negesti» reist weiter nach Österreich. Nach dem offiziellen Staatsbesuch in Wien will er eigentlich noch ein paar Tage zur Erholung in Österreich bleiben. Darauf verzichtet er und kehrt am 2. Dezember 1954 ausser Programm und «privat» in die Schweiz zurück. Er reist mit dem Sonderzug wieder nach Zürich. Auf dem Perron im Bahnhof Enge warten erneut viele Menschen, um den Kaiser zu bestaunen. In Empfang nimmt ihn diesmal kein Bundes-, Regierungs- oder Stadtrat, sondern ein persönlicher Freund: der Waffenproduzent Emil Georg Bührle.

Schliesslich kommt er im Badhotel Verenahof in Baden unter, wo er sich ein Appartement mietet, «um sich in den Thermen von den Anstrengungen seiner Staatsbesuche zu erholen», wie *Die Tat* berichtet. Nach einer knappen Woche verlässt er die Schweiz mit einer DC-6B der Swissair in Richtung Addis Abeba.

Darüber, wie der Kaiser die Schweiz wahrnahm, ist kaum etwas bekannt. Der Reporter der *Schweizer Illustrierten* meint: «Etwas seltsam Warmes liegt in den Worten des Kaisers, wenn er von seinem ersten glücklichen Aufenthalt in der Schweiz spricht.»

Doch ein internes Memorandum des Bundesrates wählt andere Worte, es erwähnt eine «certaine froideur» während des ganzen Besuchs, eine gewisse Kälte.

Dazu passen die Geschenke des Kaisers: In Zürich und Genf übergibt er Stosszähne von Elefanten, Speere und einen verzierten Buckelschild, in Bern verschiedene Speere und einen Buckelschild; die Eidgenossenschaft aber musste sich mit einer gerahmten Fotografie des Kaisers begnügen, was zu Mutmassungen und auch zu Verunsicherung führte. Das lange erwartete Dankesschreiben aus Äthiopien traf erst im März 1955 ein. Immerhin unterzeichnete der Kaiser mit «le grand ami».

In den Schweizer Kinos brachte die «Schweizer Filmwochenschau» nach der Abreise von Haile Selassie eine Sonderausgabe zu dessen Staatsbesuch, mit Ausschnitten von Basel, Hindelbank, Jegenstorf, Bern, Zürich, Payerne und Genf. Als «Beiprogramm» lief in den Kinos «Besuch bei Tieren».

Und noch eine Kuriosität: Das im Schloss Jegenstorf errichtete Badezimmer existiert heute noch, allerdings ohne vergoldete Badewanne. Heute kann es für kleine Events, etwa Apéros, gemietet werden. Der Kaiser, für den es eingebaut wurde, hat es dem Vernehmen nach gar nie benützt.

Anhang

ALLGEMEIN

Biskup, Thomas; Kohlrausch, Martin (Hg.): Das Erbe der Monarchie. Nachwirkungen einer deutschen Institution seit 1918. Frankfurt a.M. 2008.

Elias, Norbert: Die höfische Gesellschaft. Frankfurt a.M. 2002.

Horowski, Leonhard: Das Europa der Könige. Macht und Spiel an den Höfen des 17. und 18.Jahrhunderts. Reinbek bei Hamburg 2018.

Judson, Pieter M.: Habsburg. Geschichte eines Imperiums. München 2017.

Schulte, Regina (Hg.): Der Körper der Königin. Geschlecht und Herrschaft in der höfischen Welt seit 1500. Frankfurt a.M. 2002.

Schwarzenbach, Alexis: Königliche Träume. Eine Kulturgeschichte der Monarchie von 1789 bis 1997. München 2012.

Stuker, Jürg: Die grosse Parade. Glanz und Untergang der Fürsten Europas. Olten/Freiburg i.Br. 1971.

Zgraggen, Andreas; Franzen, Barbara; Arnold, Ruedi; Bohren, Vera: Adel in der Schweiz. Basel 2018.

JOSEPH II.

Badinter, Elisabeth: Maria Theresia, die Macht der Frau. Wien 2017.

Blösch, Emil: Kaiser Joseph II. in Bern, in: Berner Taschenbuch, Band 32, 1883.

Genner, Peter: Wollte Joseph II. die Schweiz erobern? Der politische und psychologische Hintergrund seiner Durchreise im Jahr 1777. Lizentiatsarbeit Universität Zürich. Zürich 1990.

Horowski, Leonhard: Das Europa der Könige. Macht und Spiel an den Höfen des 17. und 18.Jahrhunderts. Reinbek bei Hamburg 2018.

Kaiser Joseph in Basel, in: Basler Jahrbuch 1883.

Keller, J.: Josephs des Zweiten Schweizerreise, in: Taschenbuch der Historischen Gesellschaft des Kantons Aargau. Aarau 1896.

Meyer, Stephan: Vorbote des Untergangs. Die Angst der Schweizer Aristokraten vor Joseph II. Diss. Universität Zürich. Zürich 1999.

Mikoletzky, Lorenz: Kaiser Joseph II. Herrscher zwischen den Zeiten. Göttingen 1979.

Schreyvogel, Friedrich: Ein Jahrhundert zu früh. Das Schicksal Josephs II. Wien/Berlin/Stuttgart 1964.

Steinke, Hubert; Boschung, Urs; Proß, Wolfgang (Hg.): Albrecht von Haller. Leben, Werk, Epoche. Bern 2008.

LOUIS-PHILIPPE I.

Bordonove, Georges: Louis Philippe: Roi des Français. Paris 2009.

Castillon du Perron, Marguerite: Louis Philippe et la révolution française. Paris 1984.

Genlis, Stéphanie-Felicité Comtesse de: Ludwig-Philipp I. gegenwärtig König der Franzosen, und seine Schwester Adèle von Orléans, auf der Emigration in der Schweiz in den Jahren 1794 und 1794, in: Helvetia. Denkwürdigkeiten für die XII Freistaaten der Schweiz. Eidgenossenschaft, Band 6, S.467–484.

Koch, Hans: Bürgerkönig Louis Philipp und Zug, in: Zuger Neujahrsblatt. Zug 1950.

Malettke, Klaus: Die Bourbonen, Band 3. Von Ludwig XVIII. bis zu Louis-Philippe. Stuttgart 2009.

Ort, Werner: Die Schülerrepublik im Schloss Reichenau. Ein pädagogisches Experiment. Baden 2018.

Tscharner, Peter Conradin: Mitteilung über das Erscheinen und die Tätigkeit des nachmaligen Louis Philippe I. in Reichenau. Churer Wochenblatt 1842, Nr. 6, zit. n. Kind, Christian: Schloss Reichenau. Chur 1883.

Weber, Alois: Louis-Philippe als Flüchtling in der Schweiz, März 1793 bis März 1795, in: Geschichtsfreund 108 (1955), S. 162–197.

Weber, Anton: St. Beat – Tschuopis, in: Zuger Kalender 1921 und 1922.

GUSTAV IV. ADOLF

Attenhofer, Edward: Von den Dichtern Heidenstam und Strindberg und König Gustav IV. von Schweden, in: Lenzburger Neujahrsblätter 29/1958, S. 3–14.

Benziger, C.: Schwedisch-schweizerische Beziehungen in der Vergangenheit, in: Schweizerische Zeitschrift für Geschichte, Band 2, 1922, S. 210ff.

Bernoulli-Siegfried, Carl: Der Schwedenkönig wird Basler Bürger, in: Basler Jahrbuch 1892, S. 113ff. und Nachtrag S. 197ff.

Dénes, Tibor: Gustave IV Adolphe de Suede à Saint-Gall, in: Schweizerische Zeitschrift für Geschichte, Band 18, 1968, S. 498ff.

Ehrenzeller, Peter: St. Gallische Jahrbücher 1835–1841. St. Gallen 1942, S. 547ff.

Gustafsson, Oberst: Der dreizehnte März oder die wichtigsten Thatsachen der Revolution von 1809. St. Gallen 1835.

Haas, Leonhard: Schweden und die Schweiz, in: Schweizerische Zeitschrift für Geschichte, Band 14, 1964, S. 33ff.

Isker, Kriemhild: Ein König ohne Fortüne, in: Die Boje, Mitteilungsblatt des Heimatvereins Wilhelmshaven, Heft 2, Jg. 54, Juli 2007, S. 1–21.

Kleinschmidt, A.: Die Irrfahrten Gustavs IV. Adolf, in: Historisches Taschenbuch 1887.

Liebendörfer, Helen: Spaziergang zu berühmten Gästen in Basel. Basel 2011, S. 66ff.

Mähly, Jakob: Aus den Erinnerungen eines alten Balser-Beppi, in: Basler Jahrbuch 1902, S. 117f.

Staatsarchiv Basel, Akten Gustafsson, Schweden A2, 1812 II, 1817 VII, VIII, 1818 IV–VI, 1891 VI, X, 1822 II, 1823 IV, 1826 I.

Wanner, Gustaf Adolf: Berühmte Gäste in Basel. Basel 1981.

ZAR ALEXANDER I.

Boehtlingk, Arthur: Der Waadtländer Friedrich Caesar Laharpe. Bern 1925.

Eggimann, Franziska: Der Ring des Zaren. Eine 200-jährige Geschichte, in: Ferrum: Nachrichten aus der Eisenbibliothek. Stiftung der Georg Fischer AG, Band 86/2014, S. 125ff.

Harzenmoser, Martin: 101 Kanonenschüsse für Zar Alexander I., in: Schaffhauser Nachrichten, 9.1.2015.

Jorio, Marco: Mit wem haben die Schweizer am Wiener Kongress getanzt?, Vortrag

7.12.2015, Freunde des Staatsarchivs Zürich.
Rinser, Luise: Pestalozzi und wir: Der Mensch und das Werk. Stuttgart 1947.
Rosa, Raphaël; Bolens, Matthias: Peuple et identité, Représentations vaudoises après la Révolution. Lausanne 2007.
Stadler, Peter: Pestalozzi, geschichtliche Biografie, Band 2. Von der Umwälzung zur Restauration. Zürich 1993.
Würgler, Andreas: Abwesender Revolutionär – moderate Revolution: Frédéric-César Laharpe und die Waadt 1789–1798, in: Simon, Christian: Blicke auf die Helvetik. Basel 2000.

NAPOLEON III.

Duff, David: Eugénie und Napoleon III. Glanz und Elend des Zweiten Kaiserreichs. München 1988.
Grellet, Pierre: Königin Hortense auf Arenenberg. Frauenfeld 1949.
Gügel, Dominik; Egli, Christina (Hg.): Menschen im Schloss. Lebenswelt um 1900 auf dem kaiserlichen Gut Arenenberg. Frauenfeld/Stuttgart/Wien 2006.
Gügel, Dominik: Unser Kaiser hat Geburtstag, in: Thurgauer Jahrbuch, Band 82, 2007, S.78–85.
Gügel, Dominik et al.: Napoleon III: der Kaiser vom Bodensee. Konstanz 2008.
Hugentobler, Jakob: Die Familie Bonaparte auf Arenenberg. Weinfelden 1956.
Kühn, Joachim: Die Königin Hortense und ihre Söhne. Stuttgart 1965.
Langendorf, Jean-Jacques: Guillaume-Henri Dufour: General – Kartograph – Humanist. Zürich 1987.
Mann, Golo: Die Napoleoniden auf Arenenberg, in: Du, kulturelle Monatsschrift, Band 24, 1964, S.36–53.
Rieder, Heinz: Napoleon III: Abenteurer und Imperator. Hamburg 1998.
Stark, Jakob: Napoleon III: der Kaiser vom Bodensee, in: Thurgauer Jahrbuch, Band 83/84, 2008/09, S.82–87.
Willms, Johannes: Napoleon III.: Frankreichs letzter Kaiser. München 2008.

QUEEN VICTORIA

Arengo-Jones, Peter: Queen Victoria in der Schweiz. Historisches Museum Luzern (Hg.). Baden 2018.
Feuchtwanger, Edgar; Müller, Christian: Königin Viktoria und ihre Zeit. Zürich 2004.
Lotz, Jürgen: Victoria. Reinbek bei Hamburg 2000.
Mathieu, Jon; Bachmann, Eva; Butz, Ursula: Majestätische Berge. Die Monarchie auf dem Weg in die Alpen 1760–1910. Baden 2018.

LUDWIG II.

Beyer, Conrad: Die Schweizer Reise. 1897. Nachgedruckt in: Felitz, Werner: Kleine Bettlektüre für alle, deren Herz noch heute für König Ludwig schlägt. Bern/München o. D.
Eisermann, Judith: Josef Kainz – zwischen Tradition und Moderne. München 2010.
Hilmes, Oliver: Ludwig II. Der unzeitgemässe König. München 2013.

Iten, Karl: König Ludwig II. von Bayern und seine Urner Luftschlösser. Altdorf 1987.
Kleeb, Ueli et al.: Chriesi – Kirschenkultur rund um Zugersee und Rigi. Zug 2017.
Nägele, Verena: Ludwig II. und Richard Wagner. Real- und kulturpolitische Konsequenzen einer ungewöhnlichen Beziehung. Diss. Universität Zürich 1995.
Rall, Hans; Petzet, Michael: König Ludwig II: Wirklichkeit und Rätsel, mit einer Übersicht über die Aufenthalte des Königs. München/Zürich 1986.
Richter, Werner: Ludwig II. König von Bayern. München 1970.
Schauer, Rainer: Liebe und Leid am Rütli, in: Die Zeit, 10.10.1986.
Stadler, Martin: Die neuen Postillione. Schattdorf 1979.
Sykora, Katharina (Hg.): Ein Bild von einem Mann. Ludwig II. von Bayern, Konstruktion und Rezeption eines Mythos. Frankfurt a.M. 2004.

ELISABETH

Demandt, Barbara: Das Attentat auf Kaiserin Elisabeth von Österreich, in: Attentat in der Geschichte. Alexander Demandt (Hg.). Köln 1996.
Hamann, Brigitte: Eilsabeth. Kaiserin wider Willen. München 1998.
Lindinger, Michaela: Mein Herz ist aus Stein – die dunkle Seite der Kaiserin Elisabeth. Wien 2013.
Mathieu, Jon; Bachmann, Eva; Butz, Ursula; Majestätische Berge. Die Monarchie auf dem Weg in die Alpen 1760–1910. Baden 2018.
Matray, Maria; Krüger, Answald: Das Attentat. Der Tod der Kaiserin Elisabeth und die Tat des Anarchisten Luccheni. München 1998.
Seyrl, Harald (Hg.): Der Tod der Kaiserin. Die Ermordung der Kaiserin und Königin Elisabeth von Österreich-Ungarn im Spiegel der zeitgenössischen Darstellung. Wien 1998.
Vocelka, Michaela und Karl: Sisi: Leben und Legende einer Kaiserin. München 2014.

WILHELMINA

Camenzind, Josef Maria: Majestäten und Vaganten. Freiburg 1953.
Christen, Josef: D Königin Wilhelmine und iich, de Chrischte-Seebi, in: Bletter vom Zugerbärg. Zug 1965.
Fasseur, Cees: Wilhelmina. De jonge koningin. Meppel 1998.
Hofer, Werner: Zeitspuren – kulturgeschichtliche Bilder und ein Lesebuch im Spiegel der Zeitung. Toggenburger Nachrichten 2001.
Kasten, Bernd: Prinz Schnaps. Schwarze Schafe im mecklenburgischen Fürstenhaus. Rostock 2009.
Klepper, G.L.: Gedenkboek Koningin Wilhelmina in haar openbaar leven. Gravenhage 1898.
Orsouw, Michael van; Stadlin, Judith; Imboden, Monika: Adelheid. Frau ohne Grenzen. Das reiche Leben der Adelheid Page-Schwerzmann. Zürich 2003.
Stalder, Christoph; Stettler, Alfred: Spiez historisch. Gwatt/Thun 2008.

Wilhelmina, Königin der Niederlande: Einsam und doch nicht alleine. Stuttgart 1961.

WILHELM II.

Eberli, Armin: Der Kaiser kommt! – zum Schweizerbesuch Wilhelms II. im September 1912. Kirchberg 2012.

Klussmann, Uwe et al.: Das Kaiserreich. München 2016.

Kurz, Hans-Rudolf: Der deutsche Kaiserbesuch in der Schweiz, in: Allgemeine Schweizerische Militärzeitschrift, Heft 9, September 1962.

Lioperdinger, Martin: Kaiser Wilhelm II., der erste deutsche Filmstar, in: Koebner, Thomas (Hg.): Idole des deutschen Films. München 1997.

Oertle, Vincenz: 1912 – Kaiser Wilhelm II. in der Schweiz und die Manöver des 3. Armeekorps. Kantonaler Unteroffiziersverband Zürich-Schaffhausen (Hg.). Appenzell 2012.

Röhl, John C.G.: Wilhelm II. Band 3. Der Weg in den Abgrund. München 2008.

Schaer, Alfred: Kaiser Wilhelm II. in der Schweiz. Erinnerungsblätter. Zürich 1912.

ASTRID

Aschwanden, Stefan; Gugger, Beat: Schwyz: Aufstand der Dinge. Ausstellungskatalog Forum der Schweizer Geschichte. Schwyz 1999.

Aschwanden, Erich: Tod einer Königin der Herzen, in: Neue Zürcher Zeitung, 24.8.2015.

Der Tod der Schneekönigin, in: Neue Zürcher Zeitung, 27.8.2006.

Gsell, Robert: 25 Jahre Luftkutscher. Vom Luftsprung zur Luftbeherrschung. Erlenbach 1956.

Kälin, Adalbert: Das Königin Astrid Memorial in Küssnacht am Rigi. Erinnerungen an einen tragischen Unglücksfall im Jahre 1935, in: Schwyzer Hefte, Band 77. Schwyz 2001.

Koninck, Christian: Astrid, 1905–1935. Brüssel 2005.

Odermatt, Alice: Das tragische Unglück der Königin, in: Küssnacht. 3 Orte, 2 Seen, 1 Berg. Küssnacht 2008, S.156–165.

Schwarzenbach, Alexis: Rêves Royaux. Réactions à la mort de la reine Astrid, 1905–1935, in: Cahiers d'histoire du temps présent (CHTP-BEG), Nr. 5/1998, S.7–41.

Schwarzenbach, Alexis: Königliche Träume. Eine Kulturgeschichte der Monarchie von 1789 bis 1997. München 2012.

KARL UND ZITA

Bischofberger, Hermann: Ein kaiserlicher Besuch im Kollegium St.Antonius von Appenzell, in: Innerrhoder Geschichtsfreund, Band 37 (1995–1996), S.80–86.

Brook-Sheherd, Gordon: Zita. Die letzte Kaiserin. Augsburg 1996.

Cordfunke, E.: Zita, Kaiserin von Österreich, Königin von Ungarn. Wien 1986.

Feigl, Erich: Kaiserin Zita. Legende und Wahrheit. Wien 1977/1982.

Gasser, Fridolin: Vom Salis-Schloss zum Johannesstift. Zur Geschichte des Hauses und seiner Menschen. Zizers 2002.

Griesser-Pecar, Tamara: Zita: die Wahrheit über Europas letzte Kaiserin. Bergisch Gladbach 1985.

Kobler, Arthur; u.M. v. Hollenstein, Lorenz: Das Schloss Wartegg. Geschichte. Bewohner. Gäste. Rorschach 2005.

Leu, Alois: Ein treuer Gast Bündens. Erinnerung an Kaiserin Zita, in: Bündner Jahrbuch (32) 1990, S.105–111.

Lorenz, Reinhold: Kaiser Karl und der Untergang der Donaumonarchie. Graz/Wien/Köln 1959.

Odermatt, Josef: Haben die Entlebucher die österreichische Nationalhymne gesungen?, in: Cheschtene und Fiige. Weggis 1993.

Sondheimer, Alphonse de: Vitrine XIII. Geschichte und Schicksal der österreichischen Kronjuwelen. Wien 1966.

HAILE SELASSIE

Asserate, Asfa-Wossen: Der letzte Kaiser von Afrika: Triumph und Tragödie des Haile Selassie. Berlin 2014.

Ein Kaiser zu Gast. Sonderausstellung Schloss Jegenstorf. Flyer zur Sonderausstellung 2014.

Frutiger, Adrian: Das Löwenhaar. Persönliche Erinnerungen an den Staatsbesuch von Kaiser Haile Selassie. Typoskript. Trimmis 2019.

Kapuscinski, Ryszard: König der Könige. Frankfurt a.M. 2000.

Potyka, Christian: Haile Selassie. Der Negus Negesti in Frieden und Krieg. Bad Honnef 1974.

Sandford, Christine: Köpfe des 20.Jahrhunderts: Haile Selassie. Berlin 1957.

Archive: Bibliothek Zug, Burg Zug, Doku-Zug, Koninklijke Verzamelingen, Koninklijk Huisarchief, Museum Fram, SBB Historic, Stadtarchiv Baden, Staatsarchiv Aargau, Staatsarchiv Basel-Stadt, Stadtarchiv Zug, Staatsarchiv Zug, Stiftsarchiv Einsiedeln.

BILDNACHWEIS

S. 45: L.-A. Asselineau; Ch.-É.-P. Motte: Collège de Reichenau. Galerie du Palais Royal. Gedruckt von J. P. Quénot in Paris um 1835. Lithografie. RM, H1963.133
S. 69: Statens historika museer, Stockholm
S. 80: Sammlung Karl Jauslin 1842–1904, Museen Muttenz
S. 107: Privatbesitz
S. 130: Zentral- und Hochschulbibliothek Luzern
S. 135: Royal Collection Trust
S. 171: ullstein bild
S. 191–193: ETH Bildarchiv
S. 215: parlament.ch
S. 216 oben: parlament.ch
S. 216 unten: ETH Bildarchiv
S. 217: ETH Bildarchiv
S. 240: Keystone 2536880
S. 241: Keystone 95144876
S. 259–261: ETH Bildarchiv
S. 272: World History Archive / Alamy Stock Foto
S. 273: ETH Bildarchiv
S. 274–275: Vintage Images / Alamy Stock Foto
S. 276: ETH Bildarchiv
S. 285–292: ETH Bildarchiv
Alle übrigen Bilder: Wikimedia Commons

Michael van Orsouw ist Schriftsteller und promovierter Historiker aus Zug. Er hat für sein literarisches Schaffen diverse Auszeichnungen und Literaturpreise in Deutschland, Österreich und der Schweiz erhalten. Er schreibt Bücher, für die Bühne und fürs Radio. www.michaelvanorsouw.ch

Herzlichen Dank an:
Martin Allemann, Ivo Bachmann, René Bässler, Iris Blum, Claudia Briellmann, Zahai Bürgi, Vincenzo Capodici, Anna Demetz, Andreas Dietrich, Christina Egli, Adrian Frutiger, Frederik Furrer, Peter Genner, Thomas Glauser, Wolfgang Goeldi, Alfred Goop, Lea Haller, P. Gregor Jäggi, Martin Jenny, Rolf Kamm, Markus Kaufmann, Reto Knöpfel, Peter Kummer, Andrea Lustenberger, Beat Mahler, Martin Meier, Christoph Mijnssen, Albert Müller, Felix Müller, Jo Müller, Elske Ouwehand-Dorgelo, Murielle Schlup, Judith Stadlin, Peer Teuwsen, Lukas Vogel, Penelope Weissman, Jochen Ziegelmann.

Der Verlag Hier und Jetzt wird vom Bundesamt für Kultur mit einem Strukturbeitrag für die Jahre 2016–2020 unterstützt.

Mit weiteren Beiträgen haben das Buchprojekt unterstützt:
Stadt Zug, Stadtarchiv
Ulrico Hoepli-Stiftung

Kanton Zug

SWISSLOS
Kanton Aargau

Dieses Buch ist nach den aktuellen Rechtschreibregeln verfasst. Quellenzitate werden jedoch in originaler Schreibweise wiedergegeben. Hinzufügungen sind in [eckigen Klammern] eingeschlossen, Auslassungen mit [...] gekennzeichnet.

Buchkonzept:
Beat Gugger, Bruno Meier und Michael van Orsouw
Lektorat:
Rachel Camina, Hier und Jetzt
Gestaltung und Satz:
Simone Farner, Naima Schalcher, Zürich
Bildbearbeitung:
Benjamin Roffler, Hier und Jetzt
Druck und Bindung:
Kösel GmbH, Altusried-Krugzell

www.hierundjetzt.ch

ISBN Druckausgabe
978-3-03919-469-8
ISBN E-Book
978-3-03919-957-0